U0501007

# 中华人民共和国
# 外商投资法
# 注解与配套

## 第六版

中国法制出版社

CHINA LEGAL PUBLISHING HOUSE

图书在版编目（CIP）数据

中华人民共和国外商投资法注解与配套／中国法制
出版社编 . —北京：中国法制出版社，2023.11
（法律注解与配套丛书）
ISBN 978-7-5216-3684-0

Ⅰ.①中… Ⅱ.①中… Ⅲ.①外商投资-涉外经济法
-法律解释-中国 Ⅳ.①D922.295.5

中国国家版本馆 CIP 数据核字（2023）第 117245 号

策划编辑：袁笋冰　　　　责任编辑：张僚　　　　封面设计：杨泽江

**中华人民共和国外商投资法注解与配套**
ZHONGHUA RENMIN GONGHEGUO WAISHANG TOUZIFA ZHUJIE YU PEITAO

经销/新华书店
印刷/三河市国英印务有限公司
开本/850 毫米×1168 毫米　32 开　　　　印张/ 7.625　字数/ 176 千
版次/2023 年 11 月第 1 版　　　　　　　2023 年 11 月第 1 次印刷

中国法制出版社出版
书号 ISBN 978-7-5216-3684-0　　　　　　　　　　定价：20.00 元

北京市西城区西便门西里甲 16 号西便门办公区
邮政编码：100053　　　　　　　　　　　　　传真：010-63141600
网址：http://www.zgfzs.com　　　　　　编辑部电话：010-63141655
市场营销部电话：010-63141612　　　　　印务部电话：010-63141606

（如有印装质量问题，请与本社印务部联系。）

# 出版说明

中国法制出版社一直致力于出版适合大众需求的法律图书。为了帮助读者准确理解与适用法律，我社于 2008 年 9 月推出"法律注解与配套丛书"，深受广大读者的认同与喜爱，此后推出的第二、三、四、五版也持续热销。为了更好地服务读者，及时反映国家最新立法动态及法律文件的多次清理结果，我社决定推出"法律注解与配套丛书"（第六版）。

本丛书具有以下特点：

1. 由相关领域的具有丰富实践经验和学术素养的法律专业人士撰写适用导引，对相关法律领域作提纲挈领的说明，重点提示立法动态及适用重点、难点。

2. 对主体法中的重点法条及专业术语进行注解，帮助读者把握立法精神，理解条文含义。

3. 根据司法实践提炼疑难问题，由相关专家运用法律规定及原理进行权威解答。

4. 在主体法律文件之后择要收录与其实施相关的配套规定，便于读者查找、应用。

此外，为了凸显丛书简约、实用的特色，分册根据需要附上实用图表、办事流程等，方便读者查阅使用。

真诚希望本丛书的出版能给您在法律的应用上带来帮助和便利，同时也恳请广大读者对书中存在的不足之处提出批评和建议。

中国法制出版社

2023 年 9 月

# 适 用 导 引

2019 年 3 月 15 日，第十三届全国人民代表大会第二次会议审议通过了《中华人民共和国外商投资法》（以下简称《外商投资法》），并由国家主席习近平签署第二十六号主席令，予以公布。这部法律自 2020 年 1 月 1 日起施行。

《外商投资法》共分为 6 章，包括总则、投资促进、投资保护、投资管理、法律责任、附则，共 42 条。主要内容是：

第一，明确界定外商投资。外国的自然人、企业或者其他组织（下称外国投资者）直接或者间接在中国境内进行的投资活动，包括设立外商投资企业，取得中国境内企业的股份、股权、财产份额或者其他类似权益，投资新建项目，以及法律、行政法规或者国务院规定的其他方式的投资四类具体情形。

第二，积极促进外商投资。在总则中规定国家坚持对外开放的基本国策，鼓励外国投资者依法在中国境内投资。国家实行高水平投资自由化便利化政策，建立和完善外商投资促进机制，营造稳定、透明、可预期和公平竞争的市场环境。同时，设"投资促进"专章，对提高外商投资政策的透明度、保障外商投资企业平等参与市场竞争、加强外商投资服务、依法依规鼓励和引导外商投资等作了规定。

第三，保护外商投资合法权益。在总则中规定国家依法保护外国投资者在中国境内的投资、收益和其他合法权益。同时，设"投资保护"专章，对加强对外商投资企业的产权保护，强化对制定涉及外商投资规范性文件的约束，促使地方政府守约践诺，建立外商投资企业投诉工作机制作了规定。

第四，规范外商投资管理。规定国家对外商投资实行准入前国民待遇加负面清单管理制度，国家对负面清单之外的外商投资，给予国民待遇。负面清单规定禁止投资的领域，外国投资者不得投资；负面清单规定限制投资的领域，外国投资者进行投资应当符合负面清单规定的条件。同时，还对外商投资管理作出了一些指引性、衔接性规定，如明确按照内外资一致的原则对外商投资实施监督管理，建立外商投资信息报告制度，对外商投资安全审查制度作出原则性规定等。

# 目　　录

## 中华人民共和国外商投资法

### 第一章　总　　则

1

# 第二章 投资促进

# 第三章　投资保护

# 第四章 投资管理

# 配 套 法 规

# 中华人民共和国外商投资法

（2019 年 3 月 15 日第十三届全国人民代表大会第二次会议通过　2019 年 3 月 15 日中华人民共和国主席令第 26 号公布　自 2020 年 1 月 1 日起施行）

## 目　　录

## 第一章　总　　则

**第一条**　【立法目的】* 为了进一步扩大对外开放，积极促进外商投资，保护外商投资合法权益，规范外商投资管理，推动形成全面开放新格局，促进社会主义市场经济健康发展，根据宪法，制定本法。

---

\* 条文主旨为编者所加，下同。

1

## 注 解

本条是关于本法立法目的的规定。按照本条的规定，《外商投资法》①的立法目的主要包括以下三个方面：

第一，进一步扩大对外开放，推动形成全面开放新格局。外商投资法律制度是扩大对外开放的重要法治保障。制定外商投资法，全面实行准入前国民待遇加负面清单管理制度，加强外商投资的促进和保护，是推动我国外商投资法律制度与时俱进、完善发展的重要举措，有利于营造良好营商环境，有利于增强外商来中国投资、在中国发展的信心，有利于推进高水平对外开放。

第二，积极促进外商投资，保护外商投资合法权益，规范外商投资管理。外商投资法充分体现了扩大对外开放和促进外商投资的主基调，是一部外商投资的促进法、保护法。在全面加强外商投资促进和保护的同时，外商投资法也与国际通行的经贸规则、营商环境相衔接，在外商投资国民待遇、征收征用、利润汇出、信息报告、安全审查、反垄断审查等方面，规范外商投资管理，规定了相应的外商投资管理制度。

第三，促进社会主义市场经济健康发展。外商投资法着眼于增强发展的内外联动性，明确规定了多项促进内外资企业规则统一、促进公平竞争方面的内容。这些促进内外资企业规则统一的规定，有利于贯彻一视同仁、平等对待的原则，营造稳定、透明、可预期和公平竞争的市场环境，也有利于我国各类企业平等参与市场竞争，在全面开放新格局中实现更高水平、更高质量的发展。

**第二条　【适用范围】**在中华人民共和国境内（以下简称中国境内）的外商投资，适用本法。

本法所称外商投资，是指外国的自然人、企业或者其他组织（以下称外国投资者）直接或者间接在中国境内进行的投资活动，包括下列情形：

---

① 为了便于读者阅读，本书注解部分的法律名称统一略去"中华人民共和国"字样。

（一）外国投资者单独或者与其他投资者共同在中国境内设立外商投资企业；

（二）外国投资者取得中国境内企业的股份、股权、财产份额或者其他类似权益；

（三）外国投资者单独或者与其他投资者共同在中国境内投资新建项目；

（四）法律、行政法规或者国务院规定的其他方式的投资。

本法所称外商投资企业，是指全部或者部分由外国投资者投资，依照中国法律在中国境内经登记注册设立的企业。

## 注解

本条是关于本法适用范围的规定。本法在总结改革开放40多年来外资工作实践经验的基础上，立足我国国情并吸收借鉴国际通行做法，明确了外商投资的定义，进一步拓宽了外商投资的范围，除设立外商投资企业外，还增加了并购投资、项目投资等情形，并授权法律、行政法规或者国务院规定其他方式的外商投资。

## 应用

1. 《外商投资法》如何定义外商投资？

《外商投资法》以"定义＋列举"的形式对外商投资的范围作了规定。

一是明确规定，外商投资，是指外国的自然人、企业或者其他组织直接或者间接在中国境内进行的投资活动。这是一个比较全面的定义，可以涵盖实践中各种形式的外商投资活动。

二是对外商投资的具体情形作了列举，并规定了兜底条款，主要包括：

（1）外国投资者单独在中国境内设立外商投资企业，或者与其他外国投资者或境内投资者共同在中国境内设立外商投资企业，即"绿地投资"，这是目前实践中最常见的外商投资方式。

（2）外国投资者取得中国境内企业的股份、股权、财产份额或者其他类似权益，即"并购投资"，如取得境内股份有限公司或有限责任公司的股权，取得境内合伙企业的财产份额，以并购的形式控制境内企业等。

（3）外国投资者单独或者与其他投资者共同在中国境内投资新建项目。这是从项目投资的角度对外商投资所作的界定，外国投资者在中国境内投资新建固定资产投资项目等，如建立生产线、合作开发自然资源，无论是否设立企业或并购境内企业，都属于外商投资。

（4）法律、行政法规或者国务院规定的其他方式的投资。法律对外商投资方式的列举不可能穷尽，实践中还可能出现其他方式的外商投资。设置兜底条款，可以为国务院对其他方式的外商投资实施管理留出空间。同时，为保证外资政策稳定、可预期，本法列明之外的其他方式的外商投资，应由法律、行政法规或者国务院的规定予以确定。

**2. 外国投资者设立外商投资企业，是否适用《公司法》、《合伙企业法》等市场主体法律的规定？**

外商投资企业是指全部或者部分由外国投资者投资，依照中国法律在中国境内经登记注册设立的企业。《外商投资法》对之前的外商投资管理体制作出调整，取消了"外资三法"（《中外合资经营企业法》、《外资企业法》、《中外合作经营企业法》）规定的商务主管部门对外商投资企业的设立管理制度。外国投资者设立外商投资企业，与设立内资企业一样，可直接适用《公司法》、《合伙企业法》等市场主体法律的规定，经企业登记注册程序即可设立，不再实行企业设立审批或者备案管理制度。

**3. 外国投资者与中国的自然人共同在中国境内设立外商投资企业、共同在中国境内投资新建项目是否适用《外商投资法》？**

根据《外商投资法》第 2 条的规定，在中华人民共和国境内（以下简称中国境内）的外商投资，适用《外商投资法》。该法所称外商投资，是指外国的自然人、企业或者其他组织直接或者间接在中国境内进行的投资活动，包括外国投资者单独或者与其他投资者共同在中国境内设立外商投资企业，共同在中国境内投资新建项目等。前述其他投资者包括中国的自然人。因此，外商投资者与中国的自然人共同在中国境内设立外商投资企业、共同在中国境内投资新建项目适用《外商投资法》。

配套

本法第 31 条；《中华人民共和国外商投资法实施条例》第 3 条

**第三条　【鼓励外商投资原则规定】**国家坚持对外开放的基本国策，鼓励外国投资者依法在中国境内投资。

国家实行高水平投资自由化便利化政策，建立和完善外商投资促进机制，营造稳定、透明、可预期和公平竞争的市场环境。

**注解**

本条是关于鼓励外商投资的原则性规定。自改革开放以来，我国坚定不移地实行对外开放，发展对外贸易、利用外商投资都取得了巨大成就。在新的历史起点上，应当继续坚持对外开放的基本国策，继续实行积极主动的开放政策。本条第 1 款在法律层面确认对外开放为我国的基本国策，明确规定鼓励外国投资者依法在中国境内投资，鲜明地展现了我国坚定不移地推进高水平对外开放的原则和立场。

**配套**

《中华人民共和国外商投资法实施条例》第 2 条

**第四条　【外商投资准入管理规定】**国家对外商投资实行准入前国民待遇加负面清单管理制度。

前款所称准入前国民待遇，是指在投资准入阶段给予外国投资者及其投资不低于本国投资者及其投资的待遇；所称负面清单，是指国家规定在特定领域对外商投资实施的准入特别管理措施。国家对负面清单之外的外商投资，给予国民待遇。

负面清单由国务院发布或者批准发布。

中华人民共和国缔结或者参加的国际条约、协定对外国投资者准入待遇有更优惠规定的，可以按照相关规定执行。

**注解**

本条是关于外商投资准入管理的规定，即准入前国民待遇加负面清单管理制度。

国民待遇，是指东道国对在本国境内从事相关活动的外国组织或者个人给予不低于本国组织或者个人的待遇。国际投资领域的国民待遇，是指东道国对外国投资者及其投资给予不低于本国投资者及其投资所享有的待遇。依据国际投资的理论与实践，国际投资活动通常可划分为八个阶段，即投资的设立、取得、扩大、管理、经营、运营、出售和其他处置。其中，投资的设立、取得、扩大，属于外资进入东道国之前的阶段，或者称为"外资准入阶段"；投资的管理、经营、运营、出售和其他处置，属于外资进入东道国之后的阶段，或者称为"外资运营阶段"。国际投资领域中的国民待遇，一般是指在外资运营阶段享有国民待遇，即要求内外资在市场竞争中处于公平地位，通常不包括外资准入阶段的国民待遇。"准入前国民待遇"将国民待遇的适用范围从准入后扩大到准入前，涵盖投资的整个周期。

对外商投资给予准入前国民待遇，实际上是要求内外资有平等进入某一市场领域的机会，一定程度上降低了东道国外资准入的"门槛"，扩大了开放程度，但同时也加大了外资监管难度，可能对东道国经济和产业结构形成冲击。因此，在实行准入前国民待遇的同时，一般以负面清单的形式列明对外国投资者及其投资的特别管理措施，明确禁止或者限制外国投资者投资的领域。"负面清单"也属于国民待遇义务的例外措施。

#### 4. 什么是准入前国民待遇加负面清单制度？

本条规定国家对外商投资实行准入前国民待遇加负面清单制度，并明确了相关定义。准入前国民待遇，是指在外商投资的准入阶段，对外国投资者及其投资给予不低于本国投资者及其投资的待遇。"不低于本国投资者及其投资的待遇"这一关键词表明在外商投资的准入阶段，外国投资者及其投资所享受的待遇不仅可以与本国投资者及其投资所享受的待遇同等，甚至也可以比本国投资者及其投资所享受的待遇更优越（"超国民待遇"），这使准入前国民待遇得以与准入后内外资一致原则区分开来。负面清单，是指国家规定在特定领域对外商投资实施的准入特别管理措施，负面清单由国务院发布或者批准发布。本法第28条进一步明确，外商投资准入负面清单规定禁止投资的领域，外国投资者不得投资；外商投资准入负面清单规定限制投资的领域，外国投资者进行投资应当符合负面清单规定的条件。外商投资准入负面清单以外的领域，按照内外资一致的原则实施管理。

配套

本法第28、36条;《中华人民共和国外商投资法实施条例》第4条;《市场准入负面清单（2022年版）》;《外商投资准入特别管理措施（负面清单）（2021年版）》;《自由贸易试验区外商投资准入特别管理措施（负面清单）（2021年版）》

**第五条　【保护外国投资者合法权益】**国家依法保护外国投资者在中国境内的投资、收益和其他合法权益。

注解

按照本条的规定，国家依法保护外国投资者在中国境内的投资（如外国投资者投资设立的企业、取得的境内企业的股份和股权、投资建设的项目）、投资所得收益（如取得的利润、资本收益、资产处置所得、知识产权许可使用费）以及依照中国法律应当予以保护的其他权益（如依法获得的补偿或者赔偿）等。

**第六条　【外商投资主体应遵守的义务】**在中国境内进行投资活动的外国投资者、外商投资企业，应当遵守中国法律法规，不得危害中国国家安全、损害社会公共利益。

注解

本条是关于外国投资者、外商投资企业应尽义务的原则性规定。外国投资者、外商投资企业进行投资必须遵守东道国法律，不得危害东道国国家安全、损害东道国社会公共利益，是各国对外商投资的普遍要求，也是坚持内外资一致原则的必然要求。

《外商投资安全审查办法》第2条规定，对影响或者可能影响国家安全的外商投资，依照该办法的规定进行安全审查。该办法所称外商投资，是指外国投资者直接或者间接在中华人民共和国境内（以下简称境内）进行的投资活动，包括下列情形：（1）外国投资者单独或者与其他投资者共同在境内投资新建项目或者设立企业；（2）外国投资者通过并购方式取得境内企业的股权或者资产；（3）外国投资者通过其他方式在境内投资。第3条规定，国家建立外商投资安全审查工作机制（以下简称工作机制），负责组织、协调、指导外商投资安全审查工作。工作机制办公室设在国家发展改革委，由国家发展改革委、商务部牵头，承担外商投资安全审查的日常工作。

配套

《中华人民共和国国家安全法》；《外商投资安全审查办法》

**第七条　【外商投资管理部门】**国务院商务主管部门、投资主管部门按照职责分工，开展外商投资促进、保护和管理工作；国务院其他有关部门在各自职责范围内，负责外商投资促进、保护和管理的相关工作。

县级以上地方人民政府有关部门依照法律法规和本级人民政府确定的职责分工，开展外商投资促进、保护和管理工作。

注解

本条是关于外商投资管理部门的原则性规定。本法是外商投资的基础性法律，对外商投资促进、保护、管理等制度作出了全面规定。外商投资活动涉及企业设立登记、投资项目核准备案、行业许可、用工劳动保护、社会保险、税收、会计、外汇、反垄断审查等多个方面，涉及政府多个部门。

应用

5. 关于外商投资促进、保护和管理的职责分工是如何规定的？

本条对国务院、县级以上地方人民政府相关部门，在外商投资方面的工作职责作了原则性规定。在中央层面，国务院商务主管部门、投资主管部门按照职责分工，开展外商投资促进、保护和管理工作；国务院其他有关部门在各自职责范围内，负责外商投资促进、保护和管理的相关工作。上述相关部门在外商投资促进、保护和管理方面的具体职责划分，按照相关法律法规以及国务院批准的相关部门主要职责内设机构和人员编制的规定（"三定"规定）执行。在地方层面，县级以上地方人民政府相关部门的具体职责划分，依照法律法规和本级人民政府确定的职责分工执行。同时，本法第34条对外商投资信息报告制度作了规定，要求外国投资者或者外商投资企业向商务主管部门报送投资信息；第37条规定由商务主管部门对违反信息报告义务的行为进行处罚，明确了外商投资信息报告事项由商务主管部门负责管理。

配套

本法第 34、37 条；《中华人民共和国外商投资法实施条例》第 5 条

**第八条** 【外商投资企业工会活动】外商投资企业职工依法建立工会组织，开展工会活动，维护职工的合法权益。外商投资企业应当为本企业工会提供必要的活动条件。

注解

本条是关于外商投资企业工会活动的规定。加强工会组织的建设，构建和谐的劳动关系，对企业健康发展和职工合法权益保护具有重要意义。本条对外商投资企业建立工会组织、开展工会活动作出了衔接性规定。

《工会法》规定，在中国境内的企业、事业单位、机关、社会组织中以工资收入为主要生活来源的劳动者，不分民族、种族、性别、职业、宗教信仰、教育程度，都有依法参加和组织工会的权利。任何组织和个人不得阻挠和限制。工会适应企业组织形式、职工队伍结构、劳动关系、就业形态等方面的发展变化，依法维护劳动者参加和组织工会的权利。外商投资企业应当遵守《工会法》的相关规定。本条对此作出衔接性的规定，强调外商投资企业职工有权依法建立工会组织，开展工会活动，维护职工的合法权益；同时强调，外商投资企业应当为本企业工会提供必要的活动条件。

配套

《中华人民共和国工会法》第 3 条

# 第二章　投资促进

**第九条** 【平等适用国家政策】外商投资企业依法平等适用国家支持企业发展的各项政策。

本条是关于外商投资企业平等适用国家相关政策的规定。利用外资是我国对外开放基本国策和构建开放型经济新体制的重要内容，当前我国经济已由高速增长阶段转向高质量发展阶段，利用外资面临新形势、新挑战。为营造更加公平、透明、便利、有吸引力的投资环境，进一步促进外商投资稳定增长，对内外资企业要一视同仁、公平对待，要做到法律上平等、政策上一致。针对实践中存在的一些问题，本条明确规定"外商投资企业依法平等适用国家支持企业发展的各项政策"，将内外资一致原则具体化、法治化，公平、公正地对待包括外商投资企业在内的各类市场主体。

根据《外商投资法实施条例》第6条的规定，政府及其有关部门在政府资金安排、土地供应、税费减免、资质许可、标准制定、项目申报、人力资源政策等方面，应当依法平等对待外商投资企业和内资企业。政府及其有关部门制定的支持企业发展的政策应当依法公开；对政策实施中需要由企业申请办理的事项，政府及其有关部门应当公开申请办理的条件、流程、时限等，并在审核中依法平等对待外商投资企业和内资企业。

**配套**

《中华人民共和国外商投资法实施条例》第6、41、42条

**第十条　【提高政策透明度】**制定与外商投资有关的法律、法规、规章，应当采取适当方式征求外商投资企业的意见和建议。

与外商投资有关的规范性文件、裁判文书等，应当依法及时公布。

**注解**

本条是关于提高外商投资政策透明度的规定。本条从政策层面为营造透明的市场环境提供了具体保障，即从两个方面强调外商投资政策应该公开透明：首先，制定与外商投资有关的行政法规、规章、规范性文件，或者政府及其有关部门起草与外商投资有关的法律、地方性法规，应当根据实际情况，采取书面征求意见以及召开座谈会、论证会、听证会等多种形式，听取外商投资企业和有关商会、协会等方面的意见和建议；对反映集中或者涉及

外商投资企业重大权利义务问题的意见和建议，应当通过适当方式反馈采纳的情况。其次，与外商投资有关的规范性文件应当依法及时公布，未经公布的不得作为行政管理依据。对于与外商投资企业生产经营活动密切相关的规范性文件，应当结合实际，合理确定公布到施行之间的时间。

## 应用

**6. 制定与外商投资相关的法律、法规、规章，如何征求外商投资企业的意见和建议？**

制定与外商投资有关的法律、法规、规章，应当科学合理地选择征求意见的对象：一方面要注意征求意见的广泛性；另一方面要科学评估拟制定的法律、法规、规章对外商投资企业可能产生的影响及其程度、范围。对外商投资企业切身利益或权利义务有重大影响的，要充分听取有代表性的外商投资企业及相关协会、商会的意见。根据需要，征求意见可以采取召开座谈会、听证会、论证会，实地调研，分发、邮寄问卷，开通征求意见工作平台、网上公开征求意见等多种形式。充分利用网上政务平台、移动客户端、政务服务中心等线上或线下载体，全面了解外商投资企业及相关协会、商会在与外商投资相关的制度建设方面的诉求。

**7. 公布的与外商投资有关的裁判文书如何获取？**

裁判文书是人民法院审判活动、裁判理由、裁判依据和裁判结果的重要载体。及时公布与外商投资有关的裁判文书，不仅可以保障作为当事人的外商投资企业的知情权，而且便于外商投资企业行使监督权。对裁判的合法性、公正性进行监督，可以有效促进司法公正。

与外商投资有关的裁判文书的公开方式包括纸质的公开和电子文档的公开，纸质的公开如人民法院档案室提供给公众查阅、复制的裁判文书；电子文档的公开主要是指在网络平台上公开的裁判文书。2013 年，最高人民法院开通了"中国裁判文书网"，全国各级人民法院各类案件裁判文书的电子文档依法公开在该网络平台上，供公众检索、查阅。与外商投资有关的裁判文书应当通过上述纸质或电子文档的方式公开，利益相关方可以获取、检索、查阅。

## 配套

《中华人民共和国外商投资法实施条例》第 7 条；《中华人民共和国立法法》

**第十一条** 【**健全外商投资服务体系**】国家建立健全外商投资服务体系，为外国投资者和外商投资企业提供法律法规、政策措施、投资项目信息等方面的咨询和服务。

**注解**

本条是关于建立健全外商投资服务体系的规定。国家建立健全外商投资服务体系，是促进外商投资的重要举措，有利于全面、系统、多层次地为外商投资提供服务。本条对外商投资服务体系的具体要求是，为外国投资者和外商投资企业提供法律法规、政策措施、投资项目信息等方面的咨询和服务。外商投资服务机构还可以向外国投资者、外商投资企业提供其他一些和外商投资有关的或者其希望了解的合理范围内的信息，如投资目的地的经济发展情况、风俗人情等。

**配套**

《中华人民共和国外商投资法实施条例》第8、9条

**第十二条** 【**加强国际合作**】国家与其他国家和地区、国际组织建立多边、双边投资促进合作机制，加强投资领域的国际交流与合作。

**注解**

本条是关于加强投资领域的国际交流与合作的规定。外商投资是国际投资的主要方式之一。国际投资不是单向和封闭的，资本的输入国和输出国是相对的。发达国家以资本输出为主，但同时也是资本输入国；一些新兴的发展中国家在资本输入的同时，其境外投资也迅速增加。为了促进国际投资，大多数国家都会签署双边、多边投资协议或者建立其他形式的投资促进合作机制，对投资自由化、投资促进、投资保护等投资规则问题作出规定。我国历来十分重视投资领域的国际交流与合作，本着相互尊重、平等互信、互惠互利的原则，已经和许多国家、地区和国际组织建立了多边、双边投资促进合作机制。

**第十三条** 【**试验性政策措施**】国家根据需要，设立特殊

经济区域，或者在部分地区实行外商投资试验性政策措施，促进外商投资，扩大对外开放。

**注解**

为促进和吸引外商投资，扩大对外开放，国家需要在一些特殊经济区域实行特殊的外资政策，或者在一些地区实行外商投资试验性政策措施，以积累可复制、可推广的经验，为在全国范围内全面实施提供实践基础。因此，本条规定，国家根据需要，可以设立特殊经济区域，或者在部分地区实行外商投资试验性政策措施，促进外商投资，扩大对外开放。

**应用**

8. 什么是特殊经济区域？

实践中，国家为促进外商投资、扩大对外开放设立的特殊经济区域中最为典型的就是自由贸易试验区（以下简称自贸试验区）。自由贸易试验区是国家划出的特定区域，在此区域内实行更加优惠的贸易和投资政策。自贸试验区的改革实践，为创新外商投资管理体制，构建新型管理制度和法律制度，提供了宝贵的实践经验。经党中央、国务院同意，国家发展和改革委员会、商务部于 2021 年 12 月 27 日发布了《自由贸易试验区外商投资准入特别管理措施（负面清单）（2021 年版）》，该清单自 2022 年 1 月 1 日起施行，进一步扩大了对外开放的领域，原 2020 年版自贸试验区负面清单同时废止。

**配套**

《中华人民共和国外商投资法实施条例》第 10 条；《自由贸易试验区外商投资准入特别管理措施（负面清单）（2021 年版）》

**第十四条 【鼓励和引导外国投资者在特定行业、领域、地区投资】**国家根据国民经济和社会发展需要，鼓励和引导外国投资者在特定行业、领域、地区投资。外国投资者、外商投资企业可以依照法律、行政法规或者国务院的规定享受优惠待遇。

本条是关于鼓励和引导外国投资者在特定行业、领域、地区投资的规定。为了进一步提高利用外资质量和水平，更好地发挥利用外资在推动科技创新、产业升级、区域协调发展等方面的积极作用，本条规定，国家根据国民经济和社会发展需要，鼓励和引导外国投资者在特定行业、领域、地区投资，外国投资者、外商投资企业可以依照法律、行政法规或者国务院的规定享受优惠待遇。

根据《外商投资法实施条例》第11条、第12条的规定，国家根据国民经济和社会发展需要，制定鼓励外商投资产业目录，列明鼓励和引导外国投资者投资的特定行业、领域、地区。鼓励外商投资产业目录由国务院投资主管部门会同国务院商务主管部门等有关部门拟订，报国务院批准后由国务院投资主管部门、商务主管部门发布。外国投资者、外商投资企业可以依照法律、行政法规或者国务院的规定，享受财政、税收、金融、用地等方面的优惠待遇。外国投资者以其在中国境内的投资收益在中国境内扩大投资的，依法享受相应的优惠待遇。

### 9. 如何理解外国投资者、外商投资企业可以享受优惠待遇的条件？

根据本法规定，外国投资者、外商投资企业可以享受优惠待遇的条件是依照法律、行政法规或者国务院的规定。这一规定有两层意思。

一是外国投资者、外商投资企业有权依照法律、行政法规或者国务院的规定享受相应的优惠待遇。例如，依照《中小企业促进法》，中小型外商投资企业可以享受该法规定的中小企业财税支持、融资促进等优惠政策措施；外商投资企业从事《企业所得税法实施条例》规定的花卉、茶以及其他饮料作物和香料作物的种植所得，以及海水养殖、内陆养殖所得，减半征收企业所得税；根据国务院规定，向中西部地区、东北地区转移的外商投资企业享受国家支持产业转移与加工贸易的资金、土地等优惠政策。

二是除法律、行政法规或者国务院的规定外，根据内外资一致原则，各地方、各部门不得另行制定针对外国投资者、外商投资企业的特殊优惠待遇；对不符合本条规定给予外国投资者、外商投资企业优惠待遇的应当及时清理。

《中华人民共和国外商投资法实施条例》第11、12条；《中华人民共和国中小企业促进法》；《中华人民共和国企业所得税法实施条例》

**第十五条** **【外商投资企业平等参与标准化工作】**国家保障外商投资企业依法平等参与标准制定工作，强化标准制定的信息公开和社会监督。

国家制定的强制性标准平等适用于外商投资企业。

注 解

根据《标准化法》第2条的规定，所谓标准，是指农业、工业、服务业以及社会事业等领域需要统一的技术要求。标准包括国家标准、行业标准、地方标准和团体标准、企业标准。国家标准分为强制性标准、推荐性标准，行业标准、地方标准是推荐性标准。强制性标准必须执行。各类标准的具体制定和管理按照《标准化法》的规定执行。

标准化工作需要各方的积极参与。《标准化法》第7条规定，国家鼓励企业、社会团体和教育、科研机构等开展或者参与标准化工作。外商投资企业依法平等参与标准制定工作，主要是指依据本法和《标准化法》，应当邀请有关外商投资企业和其他参与标准制定主体一起平等地参与相关国家标准、行业标准、地方标准和团体标准的制定工作。

应 用

10. 如何保障外商投资企业依法平等参与标准化工作？

根据《外商投资法实施条例》第13、14条的规定，外商投资企业依法和内资企业平等参与国家标准、行业标准、地方标准和团体标准的制定、修订工作。外商投资企业可以向标准化行政主管部门和有关行政主管部门提出标准的立项建议，在标准立项、起草、技术审查以及标准实施信息反馈、评估等过程中提出意见和建议，并按照规定承担标准起草、技术审查的相关工作以及标准的外文翻译工作。国家制定的强制性标准对外商投资企业和内资企业平等适用，不得专门针对外商投资企业适用高于强制性标准的技术要求。

**11. 外商投资企业违反国家制定的强制性标准需要承担什么法律责任?**

本条第 2 款规定, 国家制定的强制性标准平等适用于外商投资企业。实际上就是强调外商投资企业遵守国家强制性标准的义务。根据《标准化法》的规定, 内外资企业都必须遵守国家制定的强制性标准, 违反强制性标准的行为将依法追究法律责任。根据《标准化法》第 25 条的规定, 不符合强制性标准的产品、服务, 不得生产、销售、进口或者提供; 根据第 36 条的规定, 生产、销售、进口产品或者提供服务不符合强制性标准, 或者企业生产的产品、提供的服务不符合其公开标准的技术要求的, 依法承担民事责任; 根据第 37 条的规定, 生产、销售、进口产品或者提供服务不符合强制性标准的, 依照《产品质量法》、《进出口商品检验法》、《消费者权益保护法》等法律、行政法规的规定查处, 记入信用记录, 并依照有关法律、行政法规的规定予以公示, 构成犯罪的, 依法追究刑事责任。此外, 《环境保护法》、《食品安全法》等有关法律中也有关于违反强制性标准予以行政处罚的规定。例如, 根据《食品安全法》第 125 条第 1 款第 4 项的规定, 食品生产经营者采购或者使用不符合食品安全标准的食品原料、食品添加剂、食品相关产品, 由县级以上人民政府食品安全监督管理部门没收违法所得和违法生产经营的食品、食品添加剂, 并可以没收用于违法生产经营的工具、设备、原料等物品; 违法生产经营的食品、食品添加剂货值金额不足 1 万元的, 并处 5000 元以上 5 万元以下罚款; 货值金额 1 万元以上的, 并处货值金额 5 倍以上 10 倍以下罚款; 情节严重的, 责令停产停业, 直至吊销许可证。

**配套**

《中华人民共和国外商投资法实施条例》第 13、14、41 条;《中华人民共和国标准化法》第 2、7、25、36、37 条

**第十六条 【外商投资企业平等参与政府采购活动】**国家保障外商投资企业依法通过公平竞争参与政府采购活动。政府采购依法对外商投资企业在中国境内生产的产品、提供的服务平等对待。

**注解**

政府采购作为一种高效、先进、符合市场经济发展规律的财政资金分

配、使用、管理制度，在国家经济生活中具有不可忽视的重要性。政府采购的目的在于通过公平、公开的程序，寻求适当的供应商，以适当的价格获得适当品质的产品和服务。在政府采购活动中也应当遵循内外资一致的原则。

依法对外商投资企业在中国境内生产的产品、提供的服务平等对待，是政府采购公正原则的体现。这实际上就是要求在政府采购活动中对外商投资企业在中国境内生产的产品、提供的服务与内资企业生产的产品、提供的服务一视同仁，既不得有不合理的差别待遇或歧视待遇，也不得有任何优先特权。具体来说，就是对包括外商投资企业在内的各类供应商在中国境内生产的产品、提供的服务提出相同的供应标准和采购信息，对产品和服务的验收应实事求是、客观公正，严格执行合同标准，不得对外商投资企业提出合同之外的条件；开标、评标、决标要客观、科学、公正。

## 应 用

**12. 如何保障外商投资企业依法公平参与政府采购活动？**

根据《外商投资法实施条例》第15—17条的规定，政府及其有关部门不得阻挠和限制外商投资企业自由进入本地区和本行业的政府采购市场。政府采购的采购人、采购代理机构不得在政府采购信息发布、供应商条件确定和资格审查、评标标准等方面，对外商投资企业实行差别待遇或者歧视待遇，不得以所有制形式、组织形式、股权结构、投资者国别、产品或服务品牌以及其他不合理的条件对供应商予以限定，不得对外商投资企业在中国境内生产的产品、提供的服务和内资企业区别对待。外商投资企业可以依法就政府采购活动事项向采购人、采购代理机构提出询问、质疑，向政府采购监督管理部门投诉。政府采购监督管理部门和其他有关部门应当加强对政府采购活动的监督检查，依法纠正和查处对外商投资企业实行差别待遇或者歧视待遇等违法违规行为。

**13. 关于外商投资企业依法参与政府采购的条件、范围和方式有哪些规定？**

外商投资企业依法参与政府采购活动需要满足《政府采购法》第22条规定的主体条件：（1）具有独立承担民事责任的能力；（2）具有良好的商业信誉和健全的财务会计制度；（3）具有履行合同所必需的设备和专业技术能力；（4）有依法缴纳税收和社会保障资金的良好记录；（5）参加政府

采购活动前3年内，在经营活动中没有重大违法记录；（6）法律、行政法规规定的其他条件。采购人可以根据采购项目的特殊要求，规定供应商的特定条件，但不得以不合理的条件对供应商实行差别待遇或者歧视待遇。

外商投资企业依法参与的政府采购的范围和《政府采购法》第2条规定的范围一致，即各级国家机关、事业单位和团体组织，使用财政性资金采购依法制定的集中采购目录以内的或者采购限额标准以上的货物、工程和服务的均属该范围。

外商投资企业依法参与政府采购活动的方式是《政府采购法》第26条规定的公开招标、邀请招标、竞争性谈判、单一来源采购、询价，以及国务院政府采购监督管理部门认定的其他采购方式等，其中公开招标应作为政府采购的主要方式。

**配套**

《中华人民共和国外商投资法实施条例》第15—17、42条；《中华人民共和国政府采购法》第22、26条；《中华人民共和国招标投标法》

**第十七条　【外商投资企业融资政策】**外商投资企业可以依法通过公开发行股票、公司债券等证券和其他方式进行融资。

**注解**

在国家融资政策层面，外商投资企业享受与内资企业待遇平等的政策，外商投资企业可以依法在证券市场发行股票、公司债券进行融资，可以依法运用非金融企业的债务融资工具或通过其他方式进行融资。本条所说的"依法"主要是指依据相关法律、行政法规，如《证券法》、《公司法》、《证券投资基金法》、《国库券条例》等。外商投资企业公开发行证券，必须符合《证券法》、《公司法》等法律的相关规定及国务院制定的有关行政法规的规定。

除依法通过公开发行证券的方式进行融资外，外商投资企业还可以依法通过其他方式进行融资。例如，《外商投资法实施条例》第18条规定，外商投资企业可以依法在中国境内或者境外通过公开发行股票、公司债券等证券，以及公开或者非公开发行其他融资工具、借用外债等方式进行融资。

《中华人民共和国外商投资法实施条例》第 18 条

**第十八条　【地方政府在法定权限内制定外商投资促进和便利化政策措施】**县级以上地方人民政府可以根据法律、行政法规、地方性法规的规定，在法定权限内制定外商投资促进和便利化政策措施。

**注解**

本条是关于授权地方政府制定外商投资促进和便利化政策措施的规定。我国幅员辽阔，地区发展不平衡，各地经济社会发展水平参差不齐，吸引外资的能力也有较大差别。地方政府制定符合本地实际的、精细化的外商投资促进和便利化政策措施，有助于提高当地外商投资服务水平，有利于增强对外资的吸引力。本条在总结地方实践经验的基础上，授权县级以上地方人民政府结合本地实际情况和需要，根据法律、行政法规、地方性法规的规定，在法定权限内制定外商投资促进和便利化政策措施。

根据《外商投资法实施条例》第 19 条的规定，地方政府在法定权限内制定的外商投资促进和便利化政策措施主要指费用减免、用地指标保障、公共服务提供等方面的外商投资促进和便利化政策措施。

需要注意的是，县级以上地方人民政府制定外商投资促进和便利化政策措施首先必须具有上位法依据，即依据法律、行政法规和地方性法规的规定；没有上位法依据，不得制定外商投资促进和便利化政策措施。

**第十九条　【为外商投资提供便利化服务】**各级人民政府及其有关部门应当按照便利、高效、透明的原则，简化办事程序，提高办事效率，优化政务服务，进一步提高外商投资服务水平。

有关主管部门应当编制和公布外商投资指引，为外国投资者和外商投资企业提供服务和便利。

为适应利用外资新形势、新需求，扩大鼓励外商投资范围，优化外商投资产业和区域结构，促进外商投资稳定增长，经党中央、国务院同意，国家发展和改革委员会、商务部于 2022 年 10 月 26 日发布了《鼓励外商投资产业目录（2022 年版）》，该目录自 2023 年 1 月 1 日起施行。

配套

《中华人民共和国外商投资法实施条例》第 19、20 条；《鼓励外商投资产业目录（2022 年版）》

# 第三章　投资保护

**第二十条　【国家对外国投资者的投资征收或者征用规定】**国家对外国投资者的投资不实行征收。

在特殊情况下，国家为了公共利益的需要，可以依照法律规定对外国投资者的投资实行征收或者征用。征收、征用应当依照法定程序进行，并及时给予公平、合理的补偿。

注解

征收是指国家以行政权取得集体、组织或者个人的财产所有权的行为。征用是指国家为了抢险、救灾等公共利益的需要，在紧急情况下强制性地使用集体、单位或者个人的不动产或者动产。

应用

14. 国家对外国投资者的投资能否实行征收或者征用？

本条对国家对外国投资者的投资能否实行征收或者征用，作出了明确规定：一是明确规定国家对外国投资者的投资不实行征收。二是在特殊情况下，国家为了公共利益的需要，可以依照法律规定对外国投资者的投资实行征收或者征用；征收、征用应当依照法定程序进行，并及时给予公平、合理的补偿。其中需要强调的是进行"征收或者征用"的条件，"在特殊情况下"与"为了公共利益的需要"均需具备，两者缺一不可。

15. 外国投资者对征收决定不服的，能否申请行政复议或者提起行政诉讼？

根据《外商投资法实施条例》第21条第3款的规定，外国投资者对征收决定不服的，可以依法申请行政复议或者提起行政诉讼。

## 配套

《中华人民共和国宪法》第10、13条；《中华人民共和国民法典》；《中华人民共和国外商投资法实施条例》第21条；《中华人民共和国土地管理法》第45—51条；《中华人民共和国突发事件应对法》第3、12条

**第二十一条 【外国投资者的出资、利润等资金和款项的汇入、汇出】** 外国投资者在中国境内的出资、利润、资本收益、资产处置所得、知识产权许可使用费、依法获得的补偿或者赔偿、清算所得等，可以依法以人民币或者外汇自由汇入、汇出。

## 注解

本条规定中的"依法"主要指向《人民币管理条例》、《外汇管理条例》等。《人民币管理条例》主要对人民币的发行、回收、流通和保护等作了规定。《外汇管理条例》则对经常项目、资本项目的外汇管理等作了规定。根据《外汇管理条例》第3条的规定，外汇是指下列以外币表示的可以用作国际清偿的支付手段和资产：外币现钞，包括纸币、铸币；外币支付凭证或者支付工具，包括票据、银行存款凭证、银行卡等；外币有价证券，包括债券、股票等；特别提款权；其他外汇资产。外国投资者以外汇的形式汇入或者汇出其资金和款项时，也应当符合《外汇管理条例》的规定。

## 应用

16. 外国投资者的出资、利润和其他合法收入能否兑换成可自由使用的货币？能否将投资所得转移出东道国？

外汇转移条款一直是国际投资规则中关于投资保护的一项重要内容，并

通常以列举的方式规定投资者可以自由转移的资金和款项。《外汇管理条例》第5条规定，国家对经常性国际支付和转移不予限制。为推进高水平对外开放，本条规定外国投资者在符合我国法律规定的情况下，既可以人民币的形式自由汇入或者汇出其资金和款项，也可以外汇的形式自由汇入或者汇出其资金和款项，并对资金和款项作了部分列举，包括出资、利润、资本收益、资产处置所得、知识产权许可使用费、依法获得的补偿或者赔偿、清算所得等。在此基础上，《外商投资法实施条例》第22条第1款更是进一步规定，外国投资者在中国境内的出资、利润、资本收益、资产处置所得、取得的知识产权许可使用费、依法获得的补偿或者赔偿、清算所得等，可以依法以人民币或者外汇自由汇入、汇出，任何单位和个人不得违法对币种、数额以及汇入、汇出的频次等进行限制。

17. 外商投资企业中的外籍职工的工资收入能否依法自由汇出?

《外商投资法实施条例》第22条第2款规定，外商投资企业的外籍职工和我国香港、澳门、台湾地区职工的工资收入和其他合法收入，可以依法自由汇出。因此，外商投资企业中的外籍职工的工资收入可以依法自由汇出。

### 配套

《中华人民共和国外商投资法实施条例》第22、41条;《中华人民共和国人民币管理条例》;《中华人民共和国外汇管理条例》第5、12、39条

**第二十二条　【外商投资的知识产权保护】**国家保护外国投资者和外商投资企业的知识产权，保护知识产权权利人和相关权利人的合法权益;对知识产权侵权行为，严格依法追究法律责任。

国家鼓励在外商投资过程中基于自愿原则和商业规则开展技术合作。技术合作的条件由投资各方遵循公平原则平等协商确定。行政机关及其工作人员不得利用行政手段强制转让技术。

### 注解

本条是关于外国投资者和外商投资企业的知识产权的保护的规定。我国一贯重视知识产权保护工作。我国法律保护的知识产权种类主要包括:著作

权、专利权和商标权。外商投资的知识产权保护，实践中一直是外国投资者比较关注的问题。本法积极回应外国投资者在知识产权保护方面的关切，按照内外资企业法律上平等、政策上一致的原则，进一步强调外国投资者和外商投资企业的知识产权依法受到平等保护，即在本条中明确规定，国家保护外国投资者和外商投资企业的知识产权，保护知识产权权利人和相关权利人的合法权益。

**应 用**

**18. 行政机关及其工作人员能否利用行政手段强制外国投资者和外商投资企业转让技术？**

技术转让是平等主体间的民商事活动，应当遵循民事活动的基本原则。民事主体从事民事活动，应当遵循自愿原则，即按照自己的意思设立、变更、终止民事法律关系；应当遵循公平原则，即合理确定各方的权利和义务；应当遵循诚信原则，即秉持诚实，恪守承诺。此外，技术合作作为我国社会主义市场经济下平等主体间的民商事活动，应更加尊重市场的自主调节，不应以行政手段强制干预。国家鼓励在外商投资过程中基于自愿原则和商业规则开展技术合作，并特别强调，技术合作的条件由投资各方遵循公平原则平等协商确定，行政机关及其工作人员不得利用行政手段强制转让技术。其中，行政手段是指行政机关（包括法律、法规授权的具有管理公共事务职能的组织）及其工作人员凭借行政权力进行干预的方式或者方法。行政机关及其工作人员不得利用行政手段强制外国投资者和外国投资企业转让技术，即行政机关及其工作人员不得利用行政许可、行政检查、行政处罚、行政强制等带有行政权力色彩的方式或者方法，强制或者变相强制外国投资者和外商投资企业转让技术。例如，《行政许可法》第31条第2款规定，行政机关及其工作人员不得以转让技术作为取得行政许可的条件；不得在实施行政许可的过程中，直接或者间接地要求转让技术。

**19. 司法机关能否强制执行合法有效的技术转让合同？**

在中国投资者与外国投资者在有关外商投资的合同中约定了技术转让的前提下，如果发生外国投资者违反合同约定、不转让技术的情形，中国投资者或外商投资企业可以要求外国投资者承担相应的违约责任。具体而言，在不存在《民法典》第 580 条所列的除外情形的情况下，中国投资者可以请求法院或仲裁机构支持其要求外国投资者实际履行合同、转让相关技术的请求。在中国投资者的请求得到法院或仲裁机构支持的情况下，根据《民事诉讼法》第 247 条关于"发生法律效力的民事判决、裁定，当事人必须履行。一方拒绝履行的，对方当事人可以向人民法院申请执行，也可以由审判员移送执行员执行。调解书和其他应当由人民法院执行的法律文书，当事人必须履行。一方拒绝履行的，对方当事人可以向人民法院申请执行"的规定，第 248 条第 1 款关于"对依法设立的仲裁机构的裁决，一方当事人不履行的，对方当事人可以向有管辖权的人民法院申请执行。受申请的人民法院应当执行"的规定和第 263 条关于"对判决、裁定和其他法律文书指定的行为，被执行人未按执行通知履行的，人民法院可以强制执行或者委托有关单位或者其他人完成，费用由被执行人承担"的规定，在符合法律规定条件的情况下，法院可以对技术转让予以强制执行。

### 配套

《中华人民共和国外商投资法实施条例》第 23、24、43 条；《中华人民共和国行政许可法》第 31 条；《中华人民共和国专利法》；《中华人民共和国商标法》；《中华人民共和国著作权法》；《中华人民共和国民法典》第 123 条；《中华人民共和国刑法》；《中华人民共和国民事诉讼法》

**第二十三条　【商业秘密保护】**行政机关及其工作人员对于履行职责过程中知悉的外国投资者、外商投资企业的商业秘密，应当依法予以保密，不得泄露或者非法向他人提供。

### 注解

本条是关于行政机关及其工作人员对于履行职责过程中知悉的外国投资者、外商投资企业的商业秘密，负有保密义务的规定。行政机关依法履行职责，确需外国投资者、外商投资企业提供涉及商业秘密的材料、信息的，应当限定在履行职责所必需的范围内，并严格控制知悉范围，与履行职责无关的人员不得接触有关材料、信息。

行政机关应当建立健全内部管理制度，采取有效措施保护履行职责过程中知悉的外国投资者、外商投资企业的商业秘密；依法需要与其他行政机关共享信息的，应当对信息中含有的商业秘密进行保密处理，防止泄露。

配套

本法第39条；《中华人民共和国外商投资法实施条例》第25条；《中华人民共和国民法典》第123条；《中华人民共和国行政许可法》第5条

**第二十四条　【涉及外商投资的规范性文件的制定】各级人民政府及其有关部门制定涉及外商投资的规范性文件，应当符合法律法规的规定；没有法律、行政法规依据的，不得减损外商投资企业的合法权益或者增加其义务，不得设置市场准入和退出条件，不得干预外商投资企业的正常生产经营活动。**

注解

本条是关于各级人民政府及其有关部门制定涉及外商投资的规范性文件应当遵循的要求的规定。各级人民政府及其有关部门，在依法履行职能的过程中，依照其法定权限、程序，可以制定并公开发布涉及公民、法人或者其他组织权利义务，具有普遍约束力，并可在一定期限内反复适用的规范性文件。考虑到此类规范性文件直接关系公民、法人和其他组织的合法权益，本法单设一条，明确各级人民政府及其有关部门制定涉及外商投资的规范性文件应当符合法律法规的规定。对于没有法律、行政法规依据的，该规范性文件不得减损外商投资企业的合法权益或者增加其义务；不得设置市场准入和退出条件；不得干预外商投资企业的正常生产经营活动。

应用

20. 外国投资者、外商投资企业认为政府及其部门制定的规范性文件不合法，能否一并请求对该规范性文件进行审查？

《外商投资法实施条例》第26条第2款规定，外国投资者、外商投资企业认为行政行为所依据的国务院部门和地方人民政府及其部门制定的规范性文件不合法，在依法对行政行为申请行政复议或者提起行政诉讼时，可以一并请求对该规范性文件进行审查。

《中华人民共和国外商投资法实施条例》第 26 条；《中华人民共和国行政复议法》第 13 条；《中华人民共和国行政诉讼法》第 53 条

**第二十五条** 【地方政府对外商投资的守约践诺】地方各级人民政府及其有关部门应当履行向外国投资者、外商投资企业依法作出的政策承诺以及依法订立的各类合同。

因国家利益、社会公共利益需要改变政策承诺、合同约定的，应当依照法定权限和程序进行，并依法对外国投资者、外商投资企业因此受到的损失予以补偿。

### 注解

本条是关于促使地方政府守约践诺的规定。在吸引外商投资工作中，一些地方政府往往通过政策承诺或者签订合同等形式，将对外国投资者或者外商投资企业的招商引资条件等予以列明。实践中，也确实存在个别地方政府在招商引资过程中乱承诺、承诺后不兑现、新官不理旧账等情况。针对这一问题，本条专门作出规定：一方面，强调地方各级人民政府及其有关部门在招商过程中，应当依法作出政策承诺，依法订立各类合同，不属于其法定权限范围的，不能承诺，也不能在合同中列明。另一方面，要求地方各级人民政府及其有关部门应当履行向外国投资者、外商投资企业依法作出的政策承诺以及依法订立的各类合同，不得以行政区划调整、政府换届、机构或者职能调整以及相关责任人更替等为由违约毁约。因国家利益、社会公共利益需要改变政策承诺、合同约定的，应当依照法定权限和程序进行，并依法对外国投资者、外商投资企业因此受到的损失予以补偿。

### 应用

**21. 本条所称"政策承诺"的含义是什么？**

根据《外商投资法实施条例》第 27 条的规定，本条所称政策承诺，是指地方各级人民政府及其有关部门在法定权限内，就外国投资者、外商投资企业在本地区投资所适用的支持政策、享受的优惠待遇和便利条件等作出的书面承诺。政策承诺的内容应当符合法律、法规规定。

22. 地方各级人民政府及其有关部门向外国投资者、外商投资企业依法作出的政策承诺以及依法订立的各类合同在什么情况下可以改变？

地方各级人民政府及其有关部门应当履行向外国投资者、外商投资企业依法作出的政策承诺以及依法订立的各类合同。因国家利益、社会公共利益需要改变政策承诺、合同约定的，应当依照法定权限和程序进行，并依法对外国投资者、外商投资企业因此受到的损失予以补偿。

23. 当事人在外商投资企业设立、变更等过程中订立的依法应当经外商投资企业审批机关批准的合同，未经批准的，效力如何？

《最高人民法院关于审理外商投资企业纠纷案件若干问题的规定（一）》第1条规定，当事人在外商投资企业设立、变更等过程中订立的合同，依法律、行政法规的规定应当经外商投资企业审批机关批准后才生效的，自批准之日起生效；未经批准的，人民法院应当认定该合同未生效。当事人请求确认该合同无效的，人民法院不予支持。前款所述合同因未经批准而被认定未生效的，不影响合同中当事人履行报批义务条款及因该报批义务而设定的相关条款的效力。因此，该合同属于已成立未生效的效力状态。在司法实务中普遍认为，合同成立即对当事人具有拘束力。在合同因一方原因不能生效的情形下，如合同仍约束另一方，则将导致交易陷入僵局状态，既不符合市场效率原则，也有违诚实信用原则，应允许当事人解除该成立未生效合同。（某投资管理合伙企业与某医疗控股股份有限公司股权收购合同纠纷上诉案，载《人民司法·案例》2021年第23期，第58—63页）

**配套**

《中华人民共和国外商投资法实施条例》第27、28、41条；《最高人民法院关于审理外商投资企业纠纷案件若干问题的规定（一）》

**第二十六条 【外商投资企业投诉工作机制】**国家建立外商投资企业投诉工作机制，及时处理外商投资企业或者其投资者反映的问题，协调完善相关政策措施。

外商投资企业或者其投资者认为行政机关及其工作人员的行政行为侵犯其合法权益的，可以通过外商投资企业投诉工作机制申请协调解决。

外商投资企业或者其投资者认为行政机关及其工作人员的行政行为侵犯其合法权益的，除依照前款规定通过外商投资企业投诉工作机制申请协调解决外，还可以依法申请行政复议、提起行政诉讼。

注 解

县级以上人民政府及其有关部门应当按照公开透明、高效便利的原则，建立健全外商投资企业投诉工作机制，及时处理外商投资企业或者其投资者反映的问题，协调完善相关政策措施。国务院商务主管部门会同国务院有关部门建立外商投资企业投诉工作部际联席会议制度，协调、推动中央层面的外商投资企业投诉工作，对地方的外商投资企业投诉工作进行指导和监督。县级以上地方人民政府应当指定部门或者机构负责受理本地区外商投资企业或者其投资者的投诉。国务院商务主管部门、县级以上地方人民政府指定的部门或者机构应当完善投诉工作规则、健全投诉方式、明确投诉处理时限。投诉工作规则、投诉方式、投诉处理时限应当对外公布。

外商投资企业或者其投资者认为行政机关及其工作人员的行政行为侵犯其合法权益，通过外商投资企业投诉工作机制申请协调解决的，有关方面进行协调时可以向被申请的行政机关及其工作人员了解情况，被申请的行政机关及其工作人员应当予以配合。协调结果应当以书面形式及时告知申请人。外商投资企业或者其投资者依照前述规定申请协调解决有关问题的，不影响其依法申请行政复议、提起行政诉讼。

对外商投资企业或者其投资者通过外商投资企业投诉工作机制反映或者申请协调解决问题，任何单位和个人不得压制或者打击报复。除外商投资企业投诉工作机制外，外商投资企业或者其投资者还可以通过其他合法途径向政府及其有关部门反映问题。

应 用

**24. 外商投资企业或者其投资者认为行政行为侵犯其合法权益，有哪些维权途径？**

完善争端解决方式是加强对外商投资企业或者其投资者合法权益保护的重要一环，为此，本条对外商投资企业投诉工作机制专门作了规定：一方面，通过投诉工作机制，及时处理外商投资企业或者其投资者反映的问题；

另一方面，通过投诉工作机制反映的问题，协调完善相关政策措施。

此外，外商投资企业设立后，按照内外资一致的原则，按照《行政复议法》和《行政诉讼法》的有关规定，外商投资企业或者其投资者认为行政机关及其工作人员的行政行为侵犯其合法权益的，可以通过行政复议、行政诉讼等途径解决。外商投资企业或者其投资者通过外商投资企业投诉工作机制申请协调解决，并不影响其在法定期限内申请行政复议、提起行政诉讼。也就是说，本条规定为外商投资企业或者其投资者投诉、反映其在投资活动中遇到的问题提供了一个新的渠道和途径。

此外，根据本法第27条的规定，外商投资企业除可以依法自己维权外，还可以通过成立和自愿参加商会、协会来集中反映自身诉求。

**配套**

《中华人民共和国外商投资法实施条例》第29—31条；《中华人民共和国行政复议法》；《中华人民共和国行政诉讼法》

**第二十七条 【外商投资企业商会、协会】**外商投资企业可以依法成立和自愿参加商会、协会。商会、协会依照法律法规和章程的规定开展相关活动，维护会员的合法权益。

**配套**

《中华人民共和国外商投资法实施条例》第32条；《社会团体登记管理条例》；《外国商会管理暂行规定》

# 第四章 投资管理

**第二十八条 【外商投资准入负面清单】**外商投资准入负面清单规定禁止投资的领域，外国投资者不得投资。

外商投资准入负面清单规定限制投资的领域，外国投资者进行投资应当符合负面清单规定的条件。

外商投资准入负面清单以外的领域，按照内外资一致的原则实施管理。

本条是关于对外商投资实行准入前国民待遇加负面清单管理制度的具体规定。本法第 4 条第 1 款规定，国家对外商投资实行准入前国民待遇加负面清单管理制度。本条是对这一管理制度的细化。所谓"准入前国民待遇"，是指在投资准入阶段给予外国投资者及其投资不低于本国投资者及其投资的待遇。所谓"负面清单"（外商投资准入负面清单），是指国家规定在特定领域对外商投资实施的准入特别管理措施。准入特别管理措施包括禁止性措施（特定领域禁止外商投资）和限制性措施（对外商投资特定领域提出股比限制、高管要求、投资方式限制等）。负面清单由国务院发布或者批准发布。国家对负面清单之外的外商投资，给予国民待遇。

**应 用**

**25. 如何理解准入前国民待遇的适用范围？**

准入前国民待遇具有其特定的适用范围，并非适用于所有情形下的所有外商投资。具体如下：

第一，《外商投资法》第 4 条第 1 款规定，国家对外商投资实行准入前国民待遇加负面清单管理制度。这就表明准入前国民待遇是必须与负面清单一起适用的，不能脱离负面清单单独适用准入前国民待遇。

第二，《外商投资法》第 4 条第 2 款第 2 句规定，国家对负面清单之外的外商投资，给予国民待遇；第 28 条第 3 款规定，外商投资准入负面清单以外的领域，按照内外资一致的原则实施管理。这一规定既适用于准入阶段，也适用于准入后阶段；其中的"国民待遇"既包括准入前的国民待遇，也包括准入后的国民待遇。

第三，《外商投资法》第 28 条第 1 款规定，外商投资准入负面清单规定禁止投资的领域，外国投资者不得投资。这就表明在负面清单规定的禁止投资的领域不存在适用准入前国民待遇的任何空间。

第四，《外商投资法》第 28 条第 2 款规定，外商投资准入负面清单规定限制投资的领域，外国投资者进行投资应当符合负面清单规定的条件。《外商投资法实施条例》第 33 条进一步规定，负面清单规定限制投资的领域，外国投资者进行投资应当符合负面清单规定的股权要求、高级管理人员要求等限制性准入特别管理措施。这就表明在负面清单规定的限制投资的领域可以有条件地适用准入前国民待遇，其中的"条件"指的是外国投资者进行投资应当符合负面清单规定的限制性准入特别管理措施。

基于上述内容，准入前国民待遇就是在投资准入阶段即给予外国投资者国民待遇，这就意味着在外商投资准入环节，除涉及准入负面清单领域外，外商投资可以与内资一样平等地进入各个行业领域，在准入条件、准入程序和适用法律等方面实现内外资一致。

### 26. 如何理解对于外商投资准入负面清单规定禁止投资的领域，外国投资者不得投资的规定？

对于禁止投资的领域，外商投资准入负面清单逐一列明，确定红线，给外国投资者以合理预期。《外商投资准入特别管理措施（负面清单）（2021年版）》规定，禁止投资中国稀有和特有的珍贵优良品种的研发、养殖、种植以及相关繁殖材料的生产（包括种植业、畜牧业、水产业的优良基因）。禁止投资农作物、种畜禽、水产苗种转基因品种选育及其转基因种子（苗）生产。禁止投资中国管辖海域及内陆水域水产品捕捞。禁止投资稀土、放射性矿产、钨勘查、开采及选矿。禁止投资中药饮片的蒸、炒、炙、煅等炮制技术的应用及中成药保密处方产品的生产。禁止投资烟叶、卷烟、复烤烟叶及其他烟草制品的批发、零售。禁止投资邮政公司、信件的国内快递业务。禁止投资互联网新闻信息服务、网络出版服务、网络视听节目服务、互联网文化经营（音乐除外）、互联网公众发布信息服务（上述服务中，中国入世承诺中已开放的内容除外）。禁止投资中国法律事务（提供有关中国法律环境影响的信息除外），不得成为国内律师事务所合伙人。禁止投资社会调查。禁止投资人体干细胞、基因诊断与治疗技术开发和应用。禁止投资人文社会科学研究机构。禁止投资大地测量、海洋测绘、测绘航空摄影、地面移动测量、行政区域界线测绘，地形图、世界政区地图、全国政区地图、省级及以下政区地图、全国性教学地图、地方性教学地图、真三维地图和导航电子地图编制，区域性的地质填图、矿产地质、地球物理、地球化学、水文地质、环境地质、地质灾害、遥感地质等调查（矿业权人在其矿业权范围内开展工作不受此特别管理措施限制）。禁止投资义务教育机构、宗教教育机构。禁止投资新闻机构（包括但不限于通讯社）。禁止投资图书、报纸、期刊、音像制品和电子出版物的编辑、出版、制作业务。禁止投资各级广播电台（站）、电视台（站）、广播电视频道（率）、广播电视传输覆盖网（发射台、转播台、广播电视卫星、卫星上行站、卫星收转站、微波站、监测台及有线广播电视传输覆盖网等），禁止从事广播电视视频点播业务和卫星电视广播地面接收设施安装服务。禁止投资广播电视节目制作经营（含引进业务）公司。禁止投资电影制作公司、发行公司、院线公司以及电影引进业务。禁止投资文物拍卖的拍卖公司、文物商店和国有文物博物馆。禁止投资文艺表演团体。

外国投资者不得投资上述领域。

### 27. 外商投资准入负面清单规定限制投资的领域，外国投资者进行投资应当符合哪些条件？

对于限制投资的领域，外商投资准入负面清单将限制条件明确列明，有关主管部门按照清单相关要求进行管理，不再对外国投资者在相关领域投资设立企业进行事前审批。在《外商投资准入特别管理措施（负面清单）（2021 年版）》中，比较典型的限制条件有：（1）外资股比限制，即外商投资持股不得超过一定比例。例如，小麦新品种选育和种子生产的中方股比不低于 34%、玉米新品种选育和种子生产须由中方控股。（2）高管要求，即外商投资企业的特定高级管理人员（如法定代表人）只能由中方人员担任，或者中方管理人员应当不低于一定比例。例如，通用航空公司的法定代表人须由中国籍公民担任。（3）投资方式限制。例如，医疗机构限于合资。外国投资者在上述领域进行投资，应当符合负面清单规定的条件。

### 28. 违反外商投资准入负面清单管理制度的法律责任有哪些？

本法第 36 条规定：（1）外国投资者投资外商投资准入负面清单规定禁止投资的领域的，由有关主管部门责令停止投资活动，限期处分股份、资产或者采取其他必要措施，恢复到实施投资前的状态；有违法所得的，没收违法所得。此外，违反其他法律、侵犯他人民事权利的，还应当依法承担相应的法律责任。（2）外国投资者的投资活动违反外商投资准入负面清单规定的限制性准入特别管理措施的，由有关主管部门责令限期改正，采取必要措施满足准入特别管理措施的要求；逾期不改正的，由有关主管部门责令停止投资活动，限期处分股份、资产或者采取其他必要措施，恢复到实施投资前的状态；有违法所得的，没收违法所得。此外，违反其他法律、侵犯他人民事权利的，还应当依法承担相应的法律责任。

29. 外商投资企业股权变更登记是否应当征得外商投资企业审批机关同意？

外商投资企业股权变更登记行为不属于《外商投资法》第4条所称负面清单管理范围的，当事人以相关法律行为发生在《外商投资法》实施之前，主张变更登记应征得外商投资企业审批机关同意的，人民法院依照《外商投资法》规定的"给予国民待遇"和"内外资一致"的原则，不予支持。（吴某好与某置业有限公司等股东资格确认纠纷案，载《最高人民法院公报》2023年第7期）

30. 外国投资者投资外商投资准入负面清单规定禁止投资的领域，投资合同效力如何？

《最高人民法院关于适用〈中华人民共和国外商投资法〉若干问题的解释》第3条规定，外国投资者投资外商投资准入负面清单规定禁止投资的领域，当事人主张投资合同无效的，人民法院应予支持。

31. 外国投资者投资外商投资准入负面清单规定限制投资的领域，违反限制性准入特别管理措施的，投资合同效力如何？

《最高人民法院关于适用〈中华人民共和国外商投资法〉若干问题的解释》第4条规定，外国投资者投资外商投资准入负面清单规定限制投资的领域，当事人以违反限制性准入特别管理措施为由，主张投资合同无效的，人民法院应予支持。人民法院作出生效裁判前，当事人采取必要措施满足准入特别管理措施的要求，当事人主张前款规定的投资合同有效的，应予支持。

<u>配 套</u>

本法第4、36条；《中华人民共和国外商投资法实施条例》第33、34条；《外商投资准入特别管理措施（负面清单）（2021年版）》；《自由贸易试验区外商投资准入特别管理措施（负面清单）（2021年版）》；《市场准入负面清单（2022年版）》；《最高人民法院关于适用〈中华人民共和国外商投资法〉若干问题的解释》

**第二十九条　【外商投资项目的核准、备案】外商投资需要办理投资项目核准、备案的，按照国家有关规定执行。**

<u>注 解</u>

本条是关于外商投资项目核准、备案的规定。我国对外商投资项目的管

理，经历了一个不断减少管制、简化要求、趋向内外资一致的过程。在改革开放初期，我国对外商投资项目实行逐案审批制，并对外国投资者提出了较多的要求。2014年，为了使市场在资源配置中起决定性作用和更好发挥政府作用，国家发展和改革委员会颁布《外商投资项目核准和备案管理办法》，与此前相比主要变化有：一是，改革了外商投资项目管理方式，将项目全面核准改为有限核准和普遍备案相结合的管理方式；二是，在准入管理上对外商投资探索试行国民待遇，即除《外商投资产业指导目录》［现已调整为《外商投资准入特别管理措施（负面清单）（2021年版）》］中有中方控股（含相对控股）要求的鼓励类项目和限制类项目外，其余外商投资项目管理方式与内资项目一致，外商投资项目核准管理在申报材料、核准条件及程序等方面的要求与内资项目也基本一致；三是，进一步下放管理权限，使绝大多数外商投资项目实现属地化管理，对外商投资项目核准、备案的条件也进行了大量简化。

**应用**

**32. 实行核准制的外商投资项目范围和核准程序是什么？**

《企业投资项目核准和备案管理条例》第3条第1款规定，对关系国家安全、涉及全国重大生产力布局、战略性资源开发和重大公共利益等项目，实行核准管理。具体项目范围以及核准机关、核准权限依照政府核准的投资项目目录执行。《外商投资项目核准和备案管理办法》第4条第1款规定，外商投资项目核准权限、范围按照国务院发布的《核准目录》执行。《国务院关于发布政府核准的投资项目目录（2016年本）的通知》规定，企业投资建设本目录内的固定资产投资项目，须按照规定报送有关项目核准机关核准。

根据《企业投资项目核准和备案管理条例》、《政府核准的投资项目目录（2016年本）》、《外商投资准入特别管理措施（负面清单）（2021年版）》、《外商投资项目核准和备案管理办法》、《国家发展改革委关于做好贯彻落实〈政府核准的投资项目目录（2016年本）〉有关外资工作的通知》（发改外资规〔2017〕111号）的规定，现阶段，实行核准管理的外商投资项目的具体范围为：（1）属于外商投资准入负面清单所列的限制投资领域的外商投资项目。（2）前述项目之外的，属于《政府核准的投资项目目录（2016年本）》第1项至第10项所列的外商投资项目。

现行外商投资项目核准程序是：（1）拟申请核准的外商投资项目按国

家有关要求编制项目申请报告，并附相关证明、审批文件等。（2）项目核准机关根据需要履行报批程序、商请有关行业主管部门出具书面审查意见、委托咨询评估、征求公众意见、开展专家评议等。（3）项目核准机关自受理项目核准申请之日起20个工作日内，完成对项目申请报告的核准；经本部门负责人批准，可以延长10个工作日；委托咨询评估和进行专家评议所需时间不计入核准期限。（4）对予以核准的项目，项目核准机关出具书面核准文件，并抄送相关部门；对不予核准的项目，应以书面形式说明理由，并告知项目申报单位享有依法申请行政复议或者提起行政诉讼的权利。

**33. 外商投资项目备案程序如何进行？**

现行外商投资项目备案程序是：（1）项目申报单位提交项目和投资方基本情况等信息，并附相关材料；该项目需符合国家有关法律法规、发展规划、产业政策及准入标准等。（2）对不予备案的外商投资项目，地方投资主管部门应在7个工作日内出具书面意见并说明理由。

**配套**

《中华人民共和国外商投资法实施条例》第34、36条；《企业投资项目核准和备案管理条例》；《政府核准的投资项目目录（2016年本）》；《外商投资准入特别管理措施（负面清单）（2021年版）》；《外商投资项目核准和备案管理办法》；《国家发展改革委关于做好贯彻落实〈政府核准的投资项目目录（2016年本）〉有关外资工作的通知》

**第三十条　【外商投资行政许可】**外国投资者在依法需要取得许可的行业、领域进行投资的，应当依法办理相关许可手续。

有关主管部门应当按照与内资一致的条件和程序，审核外国投资者的许可申请，法律、行政法规另有规定的除外。

**注解**

本条是关于外商投资行政许可的规定。所谓行政许可，是指行政机关根据公民、法人或者其他组织的申请，经依法审查，准予其从事特定活动的行为。按照《行政许可法》第12条的规定，下列事项可以设定行政许可：（1）直接涉及国家安全、公共安全、经济宏观调控、生态环境保护以及直接关系人身健康、生命财产安全等特定活动，需要按照法定条件予以批准的事项；（2）有限自然资源开发利用、公共资源配置以及直接关系公共利益的特定行业的市场准入等，需要赋予特定权利的事项；（3）提供公众服务并且直接关系公共利益的职业、行业，需要确定具备特殊信誉、特殊条件或者特殊技能等资格、资质的事项；（4）直接关系公共安全、人身健康、生命财产安全的重要设备、设施、产品、物品，需要按照技术标准、技术规范，通过检验、检测、检疫等方式进行审定的事项；（5）企业或者其他组织的设立等，需要确定主体资格的事项；（6）法律、行政法规规定可以设定行政许可的其他事项。

原则上，外商投资与内资"政策上一致、法律上平等"，外商投资特定行业，应当与内资一样，取得相应的行政许可。但是，基于外商投资管理需要，我国有关法律、行政法规对外商投资少数特殊行业规定了专门的行政许可事项，对此，外国投资者应当依法办理行政许可手续进行投资。

**应用**

### 34. 外商投资经营许可的主要类型有哪些？

现阶段，依法需要办理许可手续的外商投资，以外国投资者是否需要在中国境内设立商业存在为标准，可以分为外国投资者直接申请的经营许可和外商投资企业申请的经营许可。

（一）外国投资者直接申请的经营许可

在部分行业或领域，国家允许境外机构在不设立商业存在，但取得相应经营许可的情况下，在境内直接开展相应的业务。比如，就境内证券投资业务而言，国家允许符合条件的境外机构在经中国证监会批准后以合格境外机构投资者的身份直接投资境内证券市场。（《合格境外机构投资者和人民币合格境外机构投资者境内证券期货投资管理办法》）又如，就金融信息服务而言，国家允许外国金融信息服务提供者在经国务院新闻办公室批准后直接在中国境内提供金融信息服务。（《外国机构在中国境内提供金融信息服务管理规定》）

（二）外商投资企业申请的经营许可

实务中，外国投资者通常会主动或被动采取在中国境内设立商业存在（主要是外商投资企业）的方式进行投资。从而，外国投资者本身不直接申请经营许可，而是由外商投资企业作为申请人向有关行业主管部门申办相应的经营许可。总体而言，外商投资企业开展特定的经营活动所需申请的许可与内资企业开展该经营活动所需申请的许可是相同的，适用的是同样的规则。外商投资企业申请的经营许可，以是在企业登记之前办理还是在企业登记之后办理为标准，可以分为前置许可和后置许可。其中，又以后置许可为原则，前置许可为例外。外商投资企业开展经营活动适用前置许可的主要情形是由国家市场监督管理总局公布的《企业登记前置审批事项目录（2021年）》和《企业变更登记、注销登记前置审批事项目录（2021年）》加以规定的。其中，《企业登记前置审批事项目录（2021年）》适用于外商投资企业设立登记阶段，《企业变更登记、注销登记前置审批事项目录（2021年）》适用于外商投资企业变更登记、注销登记。需要注意的是，国家对企业设立登记、变更登记、注销登记前置审批事项目录实施动态管理，国家将根据经济社会发展和改革开放的需要予以适时调整，届时应以调整后的目录为准，实务中有必要予以关注。

除了前置许可，外商投资也存在适用后置许可的情形。根据《国务院关于"先照后证"改革后加强事中事后监管的意见》（国发〔2015〕62号）关于"工商总局负责公布工商登记前置审批事项目录"和"省级人民政府应当于2015年底前依法制定工商登记后置审批事项目录，并向社会公布"的要求，包括外商投资企业在内的各类市场主体开展经营活动涉及后置许可的情形主要由省级人民政府或办公厅公布的后置审批事项目录予以列明，实务中应当予以关注。

**配套**

《中华人民共和国外商投资法实施条例》第35条；《中华人民共和国行政许可法》第12、14、15条；《市场准入负面清单（2022年版）》

**第三十一条　【组织形式、组织机构及其活动准则】**外商投资企业的组织形式、组织机构及其活动准则，适用《中华人民共和国公司法》、《中华人民共和国合伙企业法》等法律的规定。

**注解**

本条是关于外商投资企业的组织形式、组织机构、活动准则的衔接性规定。"外资三法"制定于改革开放早期（《中外合资经营企业法》制定于

1979 年，《外资企业法》制定于 1986 年，《中外合作经营企业法》制定于 1988 年），当时我国的市场主体法律制度尚未建立（《公司法》制定于 1993 年，《合伙企业法》制定于 1997 年）。因此，"外资三法"对外商投资企业的组织形式、组织机构、活动准则等都作了规定，为外商投资企业的组织和活动提供了必要的指引。随着《公司法》、《合伙企业法》等国际通行的市场主体法律的制定，在企业组织形式、组织机构、活动准则上，出现了内外资企业不一致的情况。同时，"外资三法"对外商投资企业的特殊要求，不利于外商投资企业按照国际通行规则进一步优化企业的组织形式、组织机构、活动准则，已难以适应新时代改革开放实践的需要。

废止"外资三法"，制定外商投资法，定位于制定一部外商投资领域的基础性法律，重点是确立外商投资准入、促进、保护、管理等方面的基本制度框架和规则；同时，还要按照内外资一致的原则，取消对外商投资企业在企业组织形式、组织机构、活动准则方面的特殊要求，使外商投资企业能够与国内投资企业一样，按照国际通行的公司、合伙组织形式、组织机构和活动准则组织公司、开展活动。因此，本条明确规定，外商投资企业的组织形式、组织机构及其活动准则，适用《中华人民共和国公司法》、《中华人民共和国合伙企业法》等法律的规定。

现有外商投资企业办理组织形式、组织机构等变更登记的具体事宜，由国务院市场监督管理部门规定并公布。国务院市场监督管理部门应当加强对变更登记工作的指导，负责办理变更登记的市场监督管理部门应当通过多种方式优化服务，为企业办理变更登记提供便利。

**应　用**

### 35. 外商投资企业的登记注册由哪个部门办理？

根据《外商投资法实施条例》第 37 条第 1 款的规定，外商投资企业的登记注册，由国务院市场监督管理部门或者其授权的地方人民政府市场监督管理部门依法办理。国务院市场监督管理部门应当公布其授权的市场监督管理部门名单。

**配　套**

本法第 42 条；《中华人民共和国外商投资法实施条例》第 37 条；《中华人民共和国公司法》；《中华人民共和国合伙企业法》

第三十二条 　【经营及监督检查】外商投资企业开展生产经营活动，应当遵守法律、行政法规有关劳动保护、社会保险的规定，依照法律、行政法规和国家有关规定办理税收、会计、外汇等事宜，并接受相关主管部门依法实施的监督检查。

**配套**

《中华人民共和国劳动法》；《中华人民共和国劳动合同法》；《中华人民共和国劳动争议调解仲裁法》；《中华人民共和国社会保险法》；《中华人民共和国企业所得税法》；《中华人民共和国个人所得税法》；《中华人民共和国资源税法》；《中华人民共和国车船税法》；《中华人民共和国车辆购置税法》；《中华人民共和国耕地占用税法》；《中华人民共和国烟叶税法》；《中华人民共和国船舶吨税法》；《中华人民共和国环境保护税法》；《中华人民共和国税收征收管理法》；《中华人民共和国会计法》；《中华人民共和国反不正当竞争法》；《中华人民共和国外汇管理条例》

第三十三条 　【经营者集中审查】外国投资者并购中国境内企业或者以其他方式参与经营者集中的，应当依照《中华人民共和国反垄断法》的规定接受经营者集中审查。

**注解**

本条是关于外商投资经营者集中审查的衔接性规定。《反垄断法》对经营者集中审查作了规定。在此基础上，国务院制定了《关于经营者集中申报标准的规定》，商务部、国家市场监督管理总局（2018 年 3 月，国务院机构改革方案将商务部的经营者集中反垄断执法职权划转至国家市场监督管理总局）等部门先后制定了《金融业经营者集中申报营业额计算办法》、《经营者集中反垄断审查办事指南》等部门规范性文件，对《反垄断法》关于经营者集中审查的规定进行了细化。外国投资者并购中国境内企业或者以其他方式参与经营者集中的，应当依照《反垄断法》及其配套规定接受经营者集中审查。

**应用**

36. 关于经营者集中的界定和申报标准是如何规定的？

《反垄断法》第 25 条规定，经营者集中是指下列情形：（1）经营者合并；（2）经营者通过取得股权或者资产的方式取得对其他经营者的控制权；（3）经营者通过合同等方式取得对其他经营者的控制权或者能够对其他经营者施加决定性影响。

《反垄断法》第 26 条规定，经营者集中达到国务院规定的申报标准的，经营者应当事先向国务院反垄断执法机构申报，未申报的不得实施集中。据此，《国务院关于经营者集中申报标准的规定》第 3 条将申报标准确定为：（1）参与集中的所有经营者上一会计年度在全球范围内的营业额合计超过 100 亿元人民币，并且其中至少 2 个经营者上一会计年度在中国境内的营业额均超过 4 亿元人民币；（2）参与集中的所有经营者上一会计年度在中国境内的营业额合计超过 20 亿元人民币，并且其中至少 2 个经营者上一会计年度在中国境内的营业额均超过 4 亿元人民币。同时，考虑到银行、保险、证券、期货等特殊行业、领域的实际情况，商务部、中国人民银行等根据授权另行制定了《金融业经营者集中申报营业额计算办法》。此外，《国务院关于经营者集中申报标准的规定》第 4 条规定，经营者集中未达到上述申报标准，但按照规定程序收集的事实和证据表明该经营者集中具有或者可能具有排除、限制竞争效果的，国务院反垄断执法机构应当依法进行调查。

《反垄断法》第 27 条规定了经营者集中申报的除外情形。经营者集中有下列情形之一的，可以不向国务院反垄断执法机构申报：（1）参与集中的一个经营者拥有其他每个经营者 50% 以上有表决权的股份或者资产的；（2）参与集中的每个经营者 50% 以上有表决权的股份或者资产被同一个未参与集中的经营者拥有的。

### 37. 关于经营者集中审查的程序是如何规定的？

《反垄断法》第 28、29 条对经营者集中应当提交的文件、资料作了规定，包括：（1）申报书；（2）集中对相关市场竞争状况影响的说明；（3）集中协议；（4）参与集中的经营者经会计师事务所审计的上一会计年度财务会计报告；（5）国务院反垄断执法机构规定的其他文件、资料。申报书应当载明参与集中的经营者的名称、住所、经营范围、预定实施集中的日期和国务院反垄断执法机构规定的其他事项。经营者提交的文件、资料不完备的，应当在国务院反垄断执法机构规定的期限内补交文件、资料。经营者逾期未补交文件、资料的，视为未申报。

《反垄断法》第 30、31 条对国务院反垄断执法机构经营者集中审查程序作了规定，包括：（1）初步审查。国务院反垄断执法机构应当自收到经营者提交的符合规定的文件、资料之日起 30 日内，对申报的经营者集中进行初步审查，作出是否实施进一步审查的决定，并书面通知经营者。国务院反垄断执法机构作出决定前，经营者不得实施集中。国务院反垄断执法机构作出不实施进一步审查的决定或者逾期未作出决定的，经营者可以实施集中。（2）进一步审查。国务院反垄断执法机构决定实施进一步审查的，应当自决定之日起 90 日内审查完毕，作出是否禁止经营者集中的决定，并书面通知经营者。作出禁止经营者集中的决定，应当说明理由。审查期间，经营者不得实施集中。有法定情形的，国务院反垄断执法机构经书面通知经营者，可以延长审查期限，但最长不得超过 60 日。国务院反垄断执法机构逾期未作出决定的，经营者可以实施集中。

《反垄断法》第 33 条对审查经营者集中应当考虑的因素作了规定，包括：（1）参与集中的经营者在相关市场的市场份额及其对市场的控制力；（2）相关市场的市场集中度；（3）经营者集中对市场进入、技术进步的影响；（4）经营者集中对消费者和其他有关经营者的影响；（5）经营者集中对国民经济发展的影响；（6）国务院反垄断执法机构认为应当考虑的影响市场竞争的其他因素。

《反垄断法》第 34、35 条对经营者集中审查的结果作了规定，（1）经营者集中具有或者可能具有排除、限制竞争效果的，国务院反垄断执法机构应当作出禁止经营者集中的决定。但是，经营者能够证明该集中对竞争产生的有利影响明显大于不利影响，或者符合社会公共利益的，国务院反垄断执法机构可以作出对经营者集中不予禁止的决定。（2）对不予禁止的经营者集中，国务院反垄断执法机构可以决定附加减少集中对竞争产生不利影响的限制性条件。同时，该法第 36 条规定，国务院反垄断执法机构应当将禁止经营者集中的决定或者对经营者集中附加限制性条件的决定，及时向社会公布。

### 38. 经营者违反规定实施集中的法律责任如何？

《反垄断法》第 58、59 条对经营者违法实施集中的行政责任作了规定，包括由国务院反垄断执法机构责令停止实施集中、限期处分股份或者资产、限期转让营业以及采取其他必要措施恢复到集中前的状态，处上一年度销售额 10% 以下的罚款；不具有排除、限制竞争效果的，处 500 万元以下的罚款。反垄断执法机构确定具体罚款数额时，应当考虑违法行为的性质、程度、持续时间和消除违法行为后果的情况等因素。

《反垄断法》第60条第1款对经营者违法实施集中的民事责任作了规定，即给他人造成损失的，依法承担民事责任。

配套

《中华人民共和国反垄断法》第25—31、33—36、58—60条

**第三十四条　【信息报告制度】国家建立外商投资信息报告制度。外国投资者或者外商投资企业应当通过企业登记系统以及企业信用信息公示系统向商务主管部门报送投资信息。**

**外商投资信息报告的内容和范围按照确有必要的原则确定；通过部门信息共享能够获得的投资信息，不得再行要求报送。**

注解

本条是关于外商投资信息报告制度的规定。外国投资者或者外商投资企业应当通过企业登记系统以及企业信用信息公示系统向商务主管部门报送投资信息。这里需要注意的是：第一，负有信息报告义务的主体既包括外国投资者，也包括外商投资企业。第二，获取外商投资信息的主管部门是商务主管部门，商务主管部门对要求外商投资者、外商投资企业报送的信息，应当作出明确规定，提出具体要求。第三，需要报送的信息是外商投资信息，商务主管部门不能要求外国投资者、外商投资企业报送与外商投资无关的信息。第四，信息报告的渠道是市场监督管理部门的企业登记系统以及企业信用信息公示系统，而不是另设一个专门的外商投资信息报告系统。

外国投资者或外商投资企业报送的外商投资信息，无论是初始报告、变更报告、注销报告还是年度报告，都必须真实、准确、完整、及时。对此，《外商投资法实施条例》第39条第2款规定，外国投资者或者外商投资企业报送的投资信息应当真实、准确、完整。《外商投资信息报告办法》第7条规定，外国投资者或者外商投资企业应当及时报送投资信息，遵循真实、准确、完整原则，不得进行虚假或误导性报告，不得有重大遗漏。

### 39. 违反外商投资信息报告制度的行政责任是什么？

未报、错报、漏报外商投资信息均属于违反外商投资信息报告制度的行为。其中，"未报"包括"未按时报送""根本未报送"；"错报"指的是虽然报送了外商投资信息，但所报送的外商投资信息存在错误，如在进行信息报告时提供虚假信息，就所属行业、是否涉及外商投资准入特别管理措施、企业投资者及其实际控制人等重要信息报送错误属于严重的错报；"漏报"指的是虽然报送了外商投资信息，但所报送的外商投资信息存在遗漏，没有报送本应当报送的外商投资信息，如在进行信息报告时隐瞒真实情况。

外商投资信息报告的主要监管机构是商务主管部门。《外商投资法》赋予了商务主管部门针对未按照外商投资信息报告制度的要求报送投资信息的行为，采取"责令限期改正"的监管措施和针对逾期不改正的行为采取处以一定数额罚款的行政处罚权；在此基础上，《外商投资信息报告办法》则赋予了商务主管部门对外国投资者、外商投资企业遵守外商投资信息报告制度的情况实施监督检查的权力。具体监管措施参见《外商投资信息报告办法》第19条至第26条的规定。

还需注意的是，外国投资者或外商投资企业未按期报送外商投资年度报告可能会导致被市场监管部门列入经营异常名录。

此外，外国投资者或外商投资企业违反外商投资信息报告制度的行为，尤其是其中的"在进行信息报告时隐瞒真实情况、提供误导性或虚假信息""就所属行业、是否涉及外商投资准入特别管理措施、企业投资者及其实际控制人等重要信息报送错误"，可能还会同时违反《外商投资法》的规定，从而应当承担《外商投资法》规定的相应责任。

比如，外国投资者实际上投资了外商投资准入负面清单规定禁止投资的领域但未作信息报告或作了虚假的信息报告，那么该外国投资者不仅违反了外商投资信息报告制度，更是违反了外商投资准入负面清单管理制度，应当同时适用《外商投资法》第36条第1款关于"由有关主管部门责令停止投资活动，限期处分股份、资产或者采取其他必要措施，恢复到实施投资前的状态；有违法所得的，没收违法所得"的规定。

本法第36、37条；《中华人民共和国外商投资法实施条例》第38、39条；《外商投资信息报告办法》第19—26条

**第三十五条　【安全审查制度】**国家建立外商投资安全审查制度，对影响或者可能影响国家安全的外商投资进行安全审查。

依法作出的安全审查决定为最终决定。

注解

本条是关于外商投资安全审查制度的规定。外商投资国家安全审查制度，是指东道国可以涉及国家安全为由，对纳入审查范围的外商投资行为进行审查，评估该投资行为对东道国国家安全的风险和影响，并据此对该外商投资行为采取禁止或者限制措施的制度。

我国制定《外商投资法》，实行准入前国民待遇加负面清单管理制度，大幅度放宽了市场准入条件。与此同时，就需要在法律层面确立国家安全审查制度，对影响或者可能影响国家安全的外商投资进行安全审查，以防范外商投资可能对国家安全造成的不利影响。

我国现行《反垄断法》、《国家安全法》等法律已经对外商投资安全审查作了规定。《反垄断法》第38条规定，对外资并购境内企业或者以其他方式参与经营者集中，涉及国家安全的，除依照本法规定进行经营者集中审查外，还应当按照国家有关规定进行国家安全审查。《国家安全法》第59条规定，国家建立国家安全审查和监管的制度和机制，对影响或者可能影响国家安全的外商投资等事项和活动，进行国家安全审查，有效预防和化解国家安全风险。

实践中，2011年2月国务院办公厅印发《关于建立外国投资者并购境内企业安全审查制度的通知》，建立了外国投资者并购境内企业的安全审查制度。2015年4月，国务院办公厅印发《自由贸易试验区外商投资国家安全审查试行办法》，对影响或可能影响国家安全、国家安全保障能力，涉及敏感投资主体、敏感并购对象、敏感行业、敏感技术、敏感地域的外商投资进行安全审查。

根据本条第2款的规定，依法作出的安全审查决定为最终决定，即对外商投资国家安全审查决定，不能提起行政复议或者行政诉讼。

配套

《中华人民共和国外商投资法实施条例》第40条;《中华人民共和国反垄断法》第38条;《中华人民共和国国家安全法》第59条

# 第五章 法律责任

**第三十六条 【违反外商投资准入负面清单禁止、限制投资的法律责任】**外国投资者投资外商投资准入负面清单规定禁止投资的领域的,由有关主管部门责令停止投资活动,限期处分股份、资产或者采取其他必要措施,恢复到实施投资前的状态;有违法所得的,没收违法所得。

外国投资者的投资活动违反外商投资准入负面清单规定的限制性准入特别管理措施的,由有关主管部门责令限期改正,采取必要措施满足准入特别管理措施的要求;逾期不改正的,依照前款规定处理。

外国投资者的投资活动违反外商投资准入负面清单规定的,除依照前两款规定处理外,还应当依法承担相应的法律责任。

应用

40. 违反外商投资准入负面清单规定的法律责任是什么?

外商投资准入负面清单包括禁止投资类和限制投资类,适用于各类市场主体基于自愿的初始投资、扩大投资、并购投资等投资经营行为及其他市场进入行为。

(1)对于禁止投资的领域,以负面清单形式逐一列明,确定红线,外国投资者、外商投资企业有着合理明确的预期。对禁止投资的领域,外国投资者不得投资进入。违反禁止投资领域的规定进行投资活动的,有关主管部门将采取责令停止投资活动,限期处分股份、资产或者采取其他必要措施,恢复到实施投资前的状态;有违法所得的,还将没收违法所得。

(2)对于负面清单限制投资的领域,限制条件是明确的,外国投资者、外商投资企业在从事投资、经营活动时，也有着合理的预期和明确的指引。对限制投资的领域，或由外国投资者提出申请，行政机关依法依规作出是否予以准入的决定，或由外国投资者依照规定的准入条件和准入方式合规进入。违反这一规定的，由有关主管部门责令限期改正，采取必要措施满足准入特别管理措施的要求；逾期不改正的，有关主管部门将采取责令停止投资活动，限期处分股份、资产或者采取其他必要措施，恢复到实施投资前的状态；有违法所得的，还将没收违法所得。

外国投资者的投资活动违反外商投资准入负面清单规定，还可能在不同程度、不同层面上违反我国其他法律的相关规定。因此，本条第3款规定："外国投资者的投资活动违反外商投资准入负面清单规定的，除依照前两款规定处理外，还应当依法承担相应的法律责任。"

配套

本法第4、28条

第三十七条 【违反信息报告义务的法律责任】外国投资者、外商投资企业违反本法规定，未按照外商投资信息报告制度的要求报送投资信息的，由商务主管部门责令限期改正；逾期不改正的，处十万元以上五十万元以下的罚款。

配套

本法第34条

第三十八条 【查处和信用监管】对外国投资者、外商投资企业违反法律、法规的行为，由有关部门依法查处，并按照国家有关规定纳入信用信息系统。

第三十九条 【行政机关工作人员违法履职的法律责任】行政机关工作人员在外商投资促进、保护和管理工作中滥用职权、玩忽职守、徇私舞弊的，或者泄露、非法向他人提供履行职责过程中知悉的商业秘密的，依法给予处分；构成犯罪的，依法追究刑事责任。

本条是关于行政机关工作人员在外商投资促进、保护和管理工作中存在滥用职权、玩忽职守、徇私舞弊，或者泄露、非法向他人提供履行职责过程中知悉的商业秘密的行为所应当承担的法律责任的规定。

从事外商投资促进、保护和管理工作的行政机关工作人员，应当依法履行职责。从事外商投资促进、保护和管理工作的行政机关工作人员负有依法进行各自职责范围内工作的职责，必须秉公办理、廉洁自律、忠于职守、文明服务，努力创造国际化、便利化的良好营商环境。但是，在实际工作中，也有个别行政机关工作人员出现下列违法的行为：

（1）滥用职权，是指从事外商投资促进、保护和管理工作的行政机关工作人员违反法律规定的职责权限和程序，滥用职权或者超越职权，违法办理外商投资促进、保护和管理相关事项。

（2）玩忽职守，是指从事外商投资促进、保护和管理工作的行政机关工作人员不履行、不正确履行或者放弃履行职责，违法办理外商投资促进、保护和管理相关事项。

（3）徇私舞弊，是指从事外商投资促进、保护和管理工作的行政机关工作人员因图私利或者亲友私情等滥用职权、玩忽职守，违法办理外商投资促进、保护和管理等相关事项。

本法第23条规定，行政机关及其工作人员对于履行职责过程中知悉的外国投资者、外商投资企业的商业秘密，应当依法予以保密，不得泄露或者非法向他人提供。违反者，要依法承担相应的责任。商业秘密，是指不为公众所知悉、具有商业价值并经权利人采取相应保密措施的技术信息、经营信息等商业信息。例如，生产配方、工艺流程、技术诀窍、设计图纸等技术信息，管理方法、产销策略、客户名单、货源情报等经营信息。泄露、非法向他人提供履行职责过程中知悉的商业秘密，是指从事外商投资促进、保护和管理的行政机关工作人员违反法律规定，将履行职责过程中知悉的外国投资者、外商投资企业的商业秘密，泄露或者非法提供给他人。

**41. 外商投资相关行政机关工作人员违法行为的行政责任是什么？**

从事外商投资促进、保护和管理工作的行政机关工作人员虽有本条规定的行为，但情节显著轻微，危害性不大，根据《刑法》的有关规定尚不构成犯罪的，应当依法给予处分。处分，是指国家机关根据法律、行政法规的规定，按照行政隶属关系，对犯有轻微违法行为或者违反内部纪律人员给予的一种制裁。处分分为警告、记过、记大过、降级、撤职、开除。对有上述违法行为但尚不构成犯罪的从事外商投资促进、保护和管理工作的行政机关工作人员，可以由其所在单位或者其上级主管机关、监察机关视情节轻重，酌情给予相应的处分。

42. 外商投资相关行政机关工作人员违法行为的刑事责任是什么？

根据《刑法》的有关规定，行政机关工作人员在外商投资促进、保护和管理工作中滥用职权、玩忽职守、徇私舞弊的，或者泄露、非法向他人提供履行职责过程中知悉的商业秘密，可能构成渎职罪。根据《刑法》第 397 条的规定，从事外商投资促进、保护和管理工作的行政机关工作人员滥用职权或者玩忽职守，致使公共财产、国家和人民利益遭受重大损失的，处 3 年以下有期徒刑或者拘役；情节特别严重的，处 3 年以上 7 年以下有期徒刑。从事外商投资促进、保护和管理工作的行政机关工作人员徇私舞弊，犯上述罪行的，处 5 年以下有期徒刑或者拘役；情节特别严重的，处 5 年以上 10 年以下有期徒刑。

**配套**

本法第 23 条；《中华人民共和国公务员法》；《中华人民共和国监察法》；《中华人民共和国刑法》

# 第六章　附　　则

**第四十条　【对等报复措施】**任何国家或者地区在投资方面对中华人民共和国采取歧视性的禁止、限制或者其他类似措施的，中华人民共和国可以根据实际情况对该国家或者该地区采取相应的措施。

**注解**

本条是关于我国在国际投资领域实施对等报复措施的原则性规定。我国已经是吸引外资和对外投资并重的双向投资大国,《外商投资法》旨在推进高水平对外开放。在国际投资领域,我国奉行对等、反对歧视的原则,在扩大开放方面坚持合作共赢,但不会对外界的霸凌行为不作为,对于那些对我国采取歧视性禁止和限制等措施的国家和地区,我们也将给予适当的回应,捍卫我国投资者的利益和国家利益。因此,本条的立法目的不在于对其他国家或者地区的投资者、投资企业率先采取禁止、限制或者其他类似措施,而在于能够有效维护我国在国际投资领域的合法权益。

**应 用**

43. 针对有关国家和地区歧视中资的措施采取相应反制措施应该遵循哪些限制条件?

实施"相应措施"的限制条件有三个:一是,歧视性的禁止、限制或者其他类似措施发生在投资领域;二是,其他国家和地区已经采取了歧视性的禁止、限制或者其他类似措施;三是,要根据实际情况的需要。同时,"根据实际情况"和可以采取"相应措施"是紧密联系的。理论上,在出现针对我国海外投资的歧视性的禁止、限制或者其他类似措施时,我国可以通过双边磋商、区域或双边贸易投资协定所规定的其他争议解决机制进行解决,但同时也保留实施反制措施的权力。

《对外贸易法》中也有类似规定。《对外贸易法》第7条规定,任何国家或者地区在贸易方面对中华人民共和国采取歧视性的禁止、限制或者其他类似措施的,中华人民共和国可以根据实际情况对该国家或者该地区采取相应的措施。

**配 套**

《中华人民共和国对外贸易法》第7条

**第四十一条 【例外规定】**对外国投资者在中国境内投资银行业、证券业、保险业等金融行业,或者在证券市场、外汇市场等金融市场进行投资的管理,国家另有规定的,依照其规定。

**注 解**

本条是关于外国投资者在金融行业、金融市场投资的例外规定。

在《外商投资法》生效之前，金融领域的外商投资总体上都不需要经过发展改革部门的核准或商务部门的审批，而是由金融监管部门实施集中监管和审批。本条规定明确承认和延续了国家一直以来对金融领域的外商投资实行的统一的监管体制和监管要求。

本法第2条规定，外商投资，是指外国的自然人、企业或者其他组织直接或者间接在中国境内进行的投资活动。从这一界定上看，外商投资是涵盖各个领域和行业的。但是，金融领域的外资管理比较特殊。因此，本条专门规定，对外国投资者在中国境内投资银行业、证券业、保险业等金融行业，或者在证券市场、外汇市场等金融市场进行投资的管理，国家另有规定的，依照其规定。

实践中，《商业银行法》、《保险法》、《外资银行管理条例》、《外资保险公司管理条例》等，都作了与其他一般行业不同的规定；同时，外国投资者在中国境内的股票市场、债券市场、外汇市场进行投资的，如购买上市公司股票，在管理上也不能与其他领域适用完全相同的管理制度。例如，《商业银行法》第92条规定，外资商业银行、中外合资商业银行、外国商业银行分行适用本法规定，法律、行政法规另有规定的，依照其规定。《外资银行管理条例》则在外资银行的设立与登记、业务范围、监督管理、终止与清算、法律责任等方面作了特殊规定。又如，《商业银行法》第13条规定，设立全国性商业银行的注册资本最低限额为10亿元人民币，设立城市商业银行的注册资本最低限额为1亿元人民币，设立农村商业银行的注册资本最低限额为5000万元人民币。《外资银行管理条例》第8条规定，外商独资银行、中外合资银行的注册资本最低限额为10亿元人民币或者等值的自由兑换货币。

**配套**

《中华人民共和国外商投资法》第2条；《商业银行法》；《外资银行管理条例》

**第四十二条　【实施时间与过渡期】**本法自2020年1月1日起施行。《中华人民共和国中外合资经营企业法》、《中华人民共和国外资企业法》、《中华人民共和国中外合作经营企业法》同时废止。

本法施行前依照《中华人民共和国中外合资经营企业法》、

《中华人民共和国外资企业法》、《中华人民共和国中外合作经营企业法》设立的外商投资企业，在本法施行后五年内可以继续保留原企业组织形式等。具体实施办法由国务院规定。

## 注解

本条是关于实施时间与过渡期的规定。"外资三法"均制定于改革开放早期，当时我国的市场主体法律制度尚未建立。因此，"外资三法"对外商投资企业的组织形式、组织机构等都作了规定。随着《公司法》、《合伙企业法》等市场主体法律的制定，在企业组织形式、组织机构上，出现了内外资企业不一致的情况。

《外商投资法》与"外资三法"之间存在差异，为了尊重实际情况、避免给现存外资企业造成太大冲击，给予外商投资企业5年过渡期。在过渡期内，合资企业需要建立新的股东会制度，将《公司法》赋予股东会的职权由原合资企业的董事会归还给新的股东会，并明确新的表决权机制。但是，要完成与现行法的衔接，需要一定的时间，因此，《外商投资法》专门规定了过渡期，明确此前按照"外资三法"设立的外商投资企业，在法律施行5年内可以继续保留原企业组织形式。

## 应用

44. 现有外商投资企业的组织形式、组织机构等依照《外商投资法》调整后，原合营、合作各方在合同中约定的股权或者权益转让办法、收益分配办法、剩余财产分配办法等，能否继续按照约定办理？

《外商投资法实施条例》第46条规定，现有外商投资企业的组织形式、组织机构等依法调整后，原合营、合作各方在合同中约定的股权或者权益转让办法、收益分配办法、剩余财产分配办法等，可以继续按照约定办理。

## 配套

本法第31条；《中华人民共和国外商投资法实施条例》第44—46、49条

# 配套法规

# 中华人民共和国
# 外商投资法实施条例

（2019 年 12 月 12 日国务院第 74 次常务会议通过
2019 年 12 月 26 日中华人民共和国国务院令第 723 号公布
自 2020 年 1 月 1 日起施行）

## 第一章　总　　则

**第一条**　根据《中华人民共和国外商投资法》（以下简称外商投资法），制定本条例。

**第二条**　国家鼓励和促进外商投资，保护外商投资合法权益，规范外商投资管理，持续优化外商投资环境，推进更高水平对外开放。

**第三条**　外商投资法第二条第二款第一项、第三项所称其他投资者，包括中国的自然人在内。

**第四条**　外商投资准入负面清单（以下简称负面清单）由国务院投资主管部门会同国务院商务主管部门等有关部门提出，报国务院发布或者报国务院批准后由国务院投资主管部门、商务主管部门发布。

国家根据进一步扩大对外开放和经济社会发展需要，适时调整负面清单。调整负面清单的程序，适用前款规定。

第五条　国务院商务主管部门、投资主管部门以及其他有关部门按照职责分工，密切配合、相互协作，共同做好外商投资促进、保护和管理工作。

县级以上地方人民政府应当加强对外商投资促进、保护和管理工作的组织领导，支持、督促有关部门依照法律法规和职责分工开展外商投资促进、保护和管理工作，及时协调、解决外商投资促进、保护和管理工作中的重大问题。

# 第二章　投资促进

第六条　政府及其有关部门在政府资金安排、土地供应、税费减免、资质许可、标准制定、项目申报、人力资源政策等方面，应当依法平等对待外商投资企业和内资企业。

政府及其有关部门制定的支持企业发展的政策应当依法公开；对政策实施中需要由企业申请办理的事项，政府及其有关部门应当公开申请办理的条件、流程、时限等，并在审核中依法平等对待外商投资企业和内资企业。

第七条　制定与外商投资有关的行政法规、规章、规范性文件，或者政府及其有关部门起草与外商投资有关的法律、地方性法规，应当根据实际情况，采取书面征求意见以及召开座谈会、论证会、听证会等多种形式，听取外商投资企业和有关商会、协会等方面的意见和建议；对反映集中或者涉及外商投资企业重大权利义务问题的意见和建议，应当通过适当方式反馈采纳的情况。

与外商投资有关的规范性文件应当依法及时公布，未经公布的不得作为行政管理依据。与外商投资企业生产经营活动密切相关的规范性文件，应当结合实际，合理确定公布到施行之间的时间。

第八条　各级人民政府应当按照政府主导、多方参与的原则，建立健全外商投资服务体系，不断提升外商投资服务能力和水平。

第九条　政府及其有关部门应当通过政府网站、全国一体化在线政务服务平台集中列明有关外商投资的法律、法规、规章、规范性文件、政策措施和投资项目信息，并通过多种途径和方式加强宣传、解读，为外国投资者和外商投资企业提供咨询、指导等服务。

第十条　外商投资法第十三条所称特殊经济区域，是指经国家批准设立、实行更大力度的对外开放政策措施的特定区域。

国家在部分地区实行的外商投资试验性政策措施，经实践证明可行的，根据实际情况在其他地区或者全国范围内推广。

第十一条　国家根据国民经济和社会发展需要，制定鼓励外商投资产业目录，列明鼓励和引导外国投资者投资的特定行业、领域、地区。鼓励外商投资产业目录由国务院投资主管部门会同国务院商务主管部门等有关部门拟订，报国务院批准后由国务院投资主管部门、商务主管部门发布。

第十二条　外国投资者、外商投资企业可以依照法律、行政法规或者国务院的规定，享受财政、税收、金融、用地等方面的优惠待遇。

外国投资者以其在中国境内的投资收益在中国境内扩大投资的，依法享受相应的优惠待遇。

第十三条　外商投资企业依法和内资企业平等参与国家标准、行业标准、地方标准和团体标准的制定、修订工作。外商投资企业可以根据需要自行制定或者与其他企业联合制定企业标准。

外商投资企业可以向标准化行政主管部门和有关行政主管部门提出标准的立项建议，在标准立项、起草、技术审查以及标准实施信息反馈、评估等过程中提出意见和建议，并按照规定承担标准起草、技术审查的相关工作以及标准的外文翻译工作。

标准化行政主管部门和有关行政主管部门应当建立健全相关工作机制，提高标准制定、修订的透明度，推进标准制定、修订全过程信息公开。

第十四条　国家制定的强制性标准对外商投资企业和内资企业平等适用，不得专门针对外商投资企业适用高于强制性标准的技术要求。

第十五条　政府及其有关部门不得阻挠和限制外商投资企业自由进入本地区和本行业的政府采购市场。

政府采购的采购人、采购代理机构不得在政府采购信息发布、供应商条件确定和资格审查、评标标准等方面，对外商投资企业实行差别待遇或者歧视待遇，不得以所有制形式、组织形式、股权结构、投资者国别、产品或者服务品牌以及其他不合理的条件对供应商予以限定，不得对外商投资企业在中国境内生产的产品、提供的服务和内资企业区别对待。

第十六条　外商投资企业可以依照《中华人民共和国政府采购法》（以下简称政府采购法）及其实施条例的规定，就政府采购活动事项向采购人、采购代理机构提出询问、质疑，向政府采购监督管理部门投诉。采购人、采购代理机构、政府采购监督管理部门应当在规定的时限内作出答复或者处理决定。

第十七条　政府采购监督管理部门和其他有关部门应当加强对政府采购活动的监督检查，依法纠正和查处对外商投资企业实行差别待遇或者歧视待遇等违法违规行为。

第十八条　外商投资企业可以依法在中国境内或者境外通过公开发行股票、公司债券等证券，以及公开或者非公开发行其他融资工具、借用外债等方式进行融资。

第十九条　县级以上地方人民政府可以根据法律、行政法规、地方性法规的规定，在法定权限内制定费用减免、用地指标保障、公共服务提供等方面的外商投资促进和便利化政策措施。

县级以上地方人民政府制定外商投资促进和便利化政策措施，应当以推动高质量发展为导向，有利于提高经济效益、社会效益、生态效益，有利于持续优化外商投资环境。

第二十条　有关主管部门应当编制和公布外商投资指引，为外国投资者和外商投资企业提供服务和便利。外商投资指引应当包括投资环境介绍、外商投资办事指南、投资项目信息以及相关数据信息等内容，并及时更新。

## 第三章　投资保护

**第二十一条**　国家对外国投资者的投资不实行征收。

在特殊情况下，国家为了公共利益的需要依照法律规定对外国投资者的投资实行征收的，应当依照法定程序、以非歧视性的方式进行，并按照被征收投资的市场价值及时给予补偿。

外国投资者对征收决定不服的，可以依法申请行政复议或者提起行政诉讼。

**第二十二条**　外国投资者在中国境内的出资、利润、资本收益、资产处置所得、取得的知识产权许可使用费、依法获得的补偿或者赔偿、清算所得等，可以依法以人民币或者外汇自由汇入、汇出，任何单位和个人不得违法对币种、数额以及汇入、汇出的频次等进行限制。

外商投资企业的外籍职工和香港、澳门、台湾职工的工资收入和其他合法收入，可以依法自由汇出。

**第二十三条**　国家加大对知识产权侵权行为的惩处力度，持续强化知识产权执法，推动建立知识产权快速协同保护机制，健全知识产权纠纷多元化解决机制，平等保护外国投资者和外商投资企业的知识产权。

标准制定中涉及外国投资者和外商投资企业专利的，应当按照标准涉及专利的有关管理规定办理。

**第二十四条**　行政机关（包括法律、法规授权的具有管理公共事务职能的组织，下同）及其工作人员不得利用实施行政许可、行政检查、行政处罚、行政强制以及其他行政手段，强制或者变相强制外国投资者、外商投资企业转让技术。

第二十五条 行政机关依法履行职责，确需外国投资者、外商投资企业提供涉及商业秘密的材料、信息的，应当限定在履行职责所必需的范围内，并严格控制知悉范围，与履行职责无关的人员不得接触有关材料、信息。

行政机关应当建立健全内部管理制度，采取有效措施保护履行职责过程中知悉的外国投资者、外商投资企业的商业秘密；依法需要与其他行政机关共享信息的，应当对信息中含有的商业秘密进行保密处理，防止泄露。

第二十六条 政府及其有关部门制定涉及外商投资的规范性文件，应当按照国务院的规定进行合法性审核。

外国投资者、外商投资企业认为行政行为所依据的国务院部门和地方人民政府及其部门制定的规范性文件不合法，在依法对行政行为申请行政复议或者提起行政诉讼时，可以一并请求对该规范性文件进行审查。

第二十七条 外商投资法第二十五条所称政策承诺，是指地方各级人民政府及其有关部门在法定权限内，就外国投资者、外商投资企业在本地区投资所适用的支持政策、享受的优惠待遇和便利条件等作出的书面承诺。政策承诺的内容应当符合法律、法规规定。

第二十八条 地方各级人民政府及其有关部门应当履行向外国投资者、外商投资企业依法作出的政策承诺以及依法订立的各类合同，不得以行政区划调整、政府换届、机构或者职能调整以及相关责任人更替等为由违约毁约。因国家利益、社会公共利益需要改变政策承诺、合同约定的，应当依照法定权限和程序进行，并依法对外国投资者、外商投资企业因此受到的损失及时予以公平、合理的补偿。

第二十九条 县级以上人民政府及其有关部门应当按照公开透明、高效便利的原则，建立健全外商投资企业投诉工作机制，及时处理外商投资企业或者其投资者反映的问题,协调完善相关政策措施。

国务院商务主管部门会同国务院有关部门建立外商投资企业投诉工作部际联席会议制度,协调、推动中央层面的外商投资企业投诉工作,对地方的外商投资企业投诉工作进行指导和监督。县级以上地方人民政府应当指定部门或者机构负责受理本地区外商投资企业或者其投资者的投诉。

国务院商务主管部门、县级以上地方人民政府指定的部门或者机构应当完善投诉工作规则、健全投诉方式、明确投诉处理时限。投诉工作规则、投诉方式、投诉处理时限应当对外公布。

**第三十条** 外商投资企业或者其投资者认为行政机关及其工作人员的行政行为侵犯其合法权益,通过外商投资企业投诉工作机制申请协调解决的,有关方面进行协调时可以向被申请的行政机关及其工作人员了解情况,被申请的行政机关及其工作人员应当予以配合。协调结果应当以书面形式及时告知申请人。

外商投资企业或者其投资者依照前款规定申请协调解决有关问题的,不影响其依法申请行政复议、提起行政诉讼。

**第三十一条** 对外商投资企业或者其投资者通过外商投资企业投诉工作机制反映或者申请协调解决问题,任何单位和个人不得压制或者打击报复。

除外商投资企业投诉工作机制外,外商投资企业或者其投资者还可以通过其他合法途径向政府及其有关部门反映问题。

**第三十二条** 外商投资企业可以依法成立商会、协会。除法律、法规另有规定外,外商投资企业有权自主决定参加或者退出商会、协会,任何单位和个人不得干预。

商会、协会应当依照法律法规和章程的规定,加强行业自律,及时反映行业诉求,为会员提供信息咨询、宣传培训、市场拓展、经贸交流、权益保护、纠纷处理等方面的服务。

国家支持商会、协会依照法律法规和章程的规定开展相关活动。

## 第四章 投 资 管 理

**第三十三条** 负面清单规定禁止投资的领域，外国投资者不得投资。负面清单规定限制投资的领域，外国投资者进行投资应当符合负面清单规定的股权要求、高级管理人员要求等限制性准入特别管理措施。

**第三十四条** 有关主管部门在依法履行职责过程中，对外国投资者拟投资负面清单内领域，但不符合负面清单规定的，不予办理许可、企业登记注册等相关事项；涉及固定资产投资项目核准的，不予办理相关核准事项。

有关主管部门应当对负面清单规定执行情况加强监督检查，发现外国投资者投资负面清单规定禁止投资的领域，或者外国投资者的投资活动违反负面清单规定的限制性准入特别管理措施的，依照外商投资法第三十六条的规定予以处理。

**第三十五条** 外国投资者在依法需要取得许可的行业、领域进行投资的，除法律、行政法规另有规定外，负责实施许可的有关主管部门应当按照与内资一致的条件和程序，审核外国投资者的许可申请，不得在许可条件、申请材料、审核环节、审核时限等方面对外国投资者设置歧视性要求。

负责实施许可的有关主管部门应当通过多种方式，优化审批服务，提高审批效率。对符合相关条件和要求的许可事项，可以按照有关规定采取告知承诺的方式办理。

**第三十六条** 外商投资需要办理投资项目核准、备案的，按照国家有关规定执行。

**第三十七条** 外商投资企业的登记注册，由国务院市场监督管理部门或者其授权的地方人民政府市场监督管理部门依法办理。国务院市场监督管理部门应当公布其授权的市场监督管理部门名单。

外商投资企业的注册资本可以用人民币表示，也可以用可自由兑换货币表示。

**第三十八条** 外国投资者或者外商投资企业应当通过企业登记系统以及企业信用信息公示系统向商务主管部门报送投资信息。国务院商务主管部门、市场监督管理部门应当做好相关业务系统的对接和工作衔接，并为外国投资者或者外商投资企业报送投资信息提供指导。

**第三十九条** 外商投资信息报告的内容、范围、频次和具体流程，由国务院商务主管部门会同国务院市场监督管理部门等有关部门按照确有必要、高效便利的原则确定并公布。商务主管部门、其他有关部门应当加强信息共享，通过部门信息共享能够获得的投资信息，不得再行要求外国投资者或者外商投资企业报送。

外国投资者或者外商投资企业报送的投资信息应当真实、准确、完整。

**第四十条** 国家建立外商投资安全审查制度，对影响或者可能影响国家安全的外商投资进行安全审查。

## 第五章　法　律　责　任

**第四十一条** 政府和有关部门及其工作人员有下列情形之一的，依法依规追究责任：

（一）制定或者实施有关政策不依法平等对待外商投资企业和内资企业；

（二）违法限制外商投资企业平等参与标准制定、修订工作，或者专门针对外商投资企业适用高于强制性标准的技术要求；

（三）违法限制外国投资者汇入、汇出资金；

（四）不履行向外国投资者、外商投资企业依法作出的政策承诺以及依法订立的各类合同，超出法定权限作出政策承诺，或者政策承诺的内容不符合法律、法规规定。

**第四十二条** 政府采购的采购人、采购代理机构以不合理的条件对外商投资企业实行差别待遇或者歧视待遇的，依照政府采购法及其实施条例的规定追究其法律责任；影响或者可能影响中标、成交结果的，依照政府采购法及其实施条例的规定处理。

政府采购监督管理部门对外商投资企业的投诉逾期未作处理的，对直接负责的主管人员和其他直接责任人员依法给予处分。

**第四十三条** 行政机关及其工作人员利用行政手段强制或者变相强制外国投资者、外商投资企业转让技术的，对直接负责的主管人员和其他直接责任人员依法给予处分。

## 第六章　附　　则

**第四十四条** 外商投资法施行前依照《中华人民共和国中外合资经营企业法》、《中华人民共和国外资企业法》、《中华人民共和国中外合作经营企业法》设立的外商投资企业（以下称现有外商投资企业），在外商投资法施行后 5 年内，可以依照《中华人民共和国公司法》、《中华人民共和国合伙企业法》等法律的规定调整其组织形式、组织机构等，并依法办理变更登记，也可以继续保留原企业组织形式、组织机构等。

自 2025 年 1 月 1 日起，对未依法调整组织形式、组织机构等并办理变更登记的现有外商投资企业，市场监督管理部门不予办理其申请的其他登记事项，并将相关情形予以公示。

**第四十五条** 现有外商投资企业办理组织形式、组织机构等变更登记的具体事宜,由国务院市场监督管理部门规定并公布。国务院市场监督管理部门应当加强对变更登记工作的指导,负责办理变更登记的市场监督管理部门应当通过多种方式优化服务,为企业办理变更登记提供便利。

第四十六条　现有外商投资企业的组织形式、组织机构等依法调整后,原合营、合作各方在合同中约定的股权或者权益转让办法、收益分配办法、剩余财产分配办法等,可以继续按照约定办理。

第四十七条　外商投资企业在中国境内投资,适用外商投资法和本条例的有关规定。

第四十八条　香港特别行政区、澳门特别行政区投资者在内地投资,参照外商投资法和本条例执行;法律、行政法规或者国务院另有规定的,从其规定。

台湾地区投资者在大陆投资,适用《中华人民共和国台湾同胞投资保护法》(以下简称台湾同胞投资保护法)及其实施细则的规定;台湾同胞投资保护法及其实施细则未规定的事项,参照外商投资法和本条例执行。

定居在国外的中国公民在中国境内投资,参照外商投资法和本条例执行;法律、行政法规或者国务院另有规定的,从其规定。

第四十九条　本条例自2020年1月1日起施行。《中华人民共和国中外合资经营企业法实施条例》、《中外合资经营企业合营期限暂行规定》、《中华人民共和国外资企业法实施细则》、《中华人民共和国中外合作经营企业法实施细则》同时废止。

2020年1月1日前制定的有关外商投资的规定与外商投资法和本条例不一致的,以外商投资法和本条例的规定为准。

# 全国人民代表大会常务委员会
# 关于外商投资企业和外国企业
# 适用增值税、消费税、营业税
# 等税收暂行条例的决定

(1993 年 12 月 29 日第八届全国人民代表大会常务委员会第五次会议通过　1993 年 12 月 29 日中华人民共和国主席令第 18 号公布　自公布之日起施行)

第八届全国人民代表大会常务委员会第五次会议审议了国务院关于提请审议外商投资企业和外国企业适用增值税、消费税、营业税等税收暂行条例的议案，为了统一税制，公平税负，改善我国的投资环境，适应建立和发展社会主义市场经济的需要，特作如下决定：

一、在有关税收法律制定以前，外商投资企业和外国企业自 1994 年 1 月 1 日起适用国务院发布的增值税暂行条例、消费税暂行条例和营业税暂行条例。1958 年 9 月 11 日全国人民代表大会常务委员会第一百零一次会议原则通过、1958 年 9 月 13 日国务院公布试行的《中华人民共和国工商统一税条例（草案）》同时废止。

中外合作开采海洋石油、天然气，按实物征收增值税，其税率和征收办法由国务院另行规定。

二、1993 年 12 月 31 日前已批准设立的外商投资企业，由于依照本决定第一条的规定改征增值税、消费税、营业税而增加税负的，经企业申请，税务机关批准，在已批准的经营期限内，最长不超过五年，退还其因税负增加而多缴纳的税款；没有经营期限的，经企业申请，税务机关批准，在最长不超过五年的期限内，退还其因税负增加而多缴纳的税款。具体办法由国务院规定。

三、除增值税、消费税、营业税外，其他税种对外商投资企业和外国企业的适用，法律有规定的，依照法律的规定执行；法律未作规定的，依照国务院的规定执行。

本决定所称外商投资企业，是指在中国境内设立的中外合资经营企业、中外合作经营企业和外资企业。

本决定所称外国企业，是指在中国境内设立机构、场所，从事生产、经营和虽未设立机构、场所，而有来源于中国境内所得的外国公司、企业和其他经济组织。

本决定自公布之日起施行。


# 国务院关于外商投资企业和外国企业
# 适用增值税、消费税、营业税等
# 税收暂行条例有关问题的通知

(1994 年 2 月 22 日　国发〔1994〕10 号)

各省、自治区、直辖市人民政府，国务院各部委、各直属机构：

根据第八届全国人民代表大会常务委员会第五次会议审议通过的《全国人民代表大会常务委员会关于外商投资企业和外国企业适用增值税、消费税、营业税等税收暂行条例的决定》（以下简称《决定》），现对外商投资企业和外国企业适用税种等有关问题通知如下：

一、关于外商投资企业和外国企业适用税种问题

根据《决定》的规定，外商投资企业和外国企业除适用《中华人民共和国增值税暂行条例》、《中华人民共和国消费税暂行条例》、《中华人民共和国营业税暂行条例》和《中华人民共和国外商投资企业和外国企业所得税法》外，还应适用以下暂行条例：

（一）国务院 1993 年 12 月 13 日发布的《中华人民共和国土地增值税暂行条例》；

（二）国务院 1993 年 12 月 25 日发布的《中华人民共和国资源税暂行条例》；

（三）国务院 1988 年 8 月 6 日发布的《中华人民共和国印花税暂行条例》；

（四）中央人民政府政务院 1950 年 12 月 19 日发布的《屠宰税暂行条例》；

（五）中央人民政府政务院 1951 年 8 月 8 日发布的《城市房地产税暂行条例》；

（六）中央人民政府政务院 1951 年 9 月 13 日发布的《车船使用牌照税暂行条例》；

（七）中央人民政府政务院 1950 年 4 月 3 日发布的《契税暂行条例》。

在税制改革中，国务院还将陆续修订和制定新的税收暂行条例，外商投资企业和外国企业应相应依照有关条例规定执行。

**二、关于外商投资企业改征增值税、消费税、营业税后增加的税负处理问题**

（一）1993 年 12 月 31 日前已批准设立的外商投资企业，由于改征增值税、消费税、营业税增加税负的，由企业提出申请，税务机关审核批准，在已批准的经营期限内，准予退还因税负增加而多缴纳的税款，但最长不得超过 5 年；没有经营期限的，经企业申请，税务机关批准，在最长不超过 5 年的期限内，退还上述多缴纳的税款。

（二）外商投资企业既缴纳增值税，又缴纳消费税的，所缴税款超过原税负的部分，按所缴增值税和消费税的比例，分别退还增值税和消费税。

（三）外商投资企业生产的产品直接出口或销售给出口企业出口的，按照《中华人民共和国增值税暂行条例》的规定，凭出口报关单和已纳税凭证，一次办理退税。

（四）外商投资企业因税负增加而申请的退税，原则上在年终后一次办理；对税负增加较多的，可按季申请预退，年度终了后清算。

（五）增值税、消费税的退税事宜由国家税务局系统负责办理，各级国库要认真审核，严格把关。退税数额的计算、退税的申请及批准程序等，由国家税务总局另行制定。

（六）营业税的退税问题，由省、自治区、直辖市人民政府规定。

**三、关于中外合作开采石油资源的税收问题**

中外合作油（气）田开采的原油、天然气按实物征收增值税，征收率为5%，并按现行规定征收矿区使用费，暂不征收资源税。在计征增值税时，不抵扣进项税额。原油、天然气出口时不予退税。

中国海洋石油总公司海上自营油田比照上述规定执行。

本通知自1994年1月1日起施行。


# 中华人民共和国企业所得税法

（2007年3月16日第十届全国人民代表大会第五次会议通过 根据2017年2月24日第十二届全国人民代表大会常务委员会第二十六次会议《关于修改〈中华人民共和国企业所得税法〉的决定》第一次修正 根据2018年12月29日第十三届全国人民代表大会常务委员会第七次会议《关于修改〈中华人民共和国电力法〉等四部法律的决定》第二次修正）


## 第一章 总 则

**第一条** 在中华人民共和国境内，企业和其他取得收入的组织（以下统称企业）为企业所得税的纳税人，依照本法的规定缴纳企业所得税。

个人独资企业、合伙企业不适用本法。

**第二条** 企业分为居民企业和非居民企业。

本法所称居民企业，是指依法在中国境内成立，或者依照外国（地区）法律成立但实际管理机构在中国境内的企业。

本法所称非居民企业，是指依照外国（地区）法律成立且实际管理机构不在中国境内，但在中国境内设立机构、场所的，或者在中国境内未设立机构、场所，但有来源于中国境内所得的企业。

**第三条** 居民企业应当就其来源于中国境内、境外的所得缴纳企业所得税。

非居民企业在中国境内设立机构、场所的，应当就其所设机构、场所取得的来源于中国境内的所得，以及发生在中国境外但与其所设机构、场所有实际联系的所得，缴纳企业所得税。

非居民企业在中国境内未设立机构、场所的，或者虽设立机构、场所但取得的所得与其所设机构、场所没有实际联系的，应当就其来源于中国境内的所得缴纳企业所得税。

**第四条** 企业所得税的税率为25%。

非居民企业取得本法第三条第三款规定的所得，适用税率为20%。


# 第二章　应纳税所得额


**第五条** 企业每一纳税年度的收入总额，减除不征税收入、免税收入、各项扣除以及允许弥补的以前年度亏损后的余额，为应纳税所得额。

**第六条** 企业以货币形式和非货币形式从各种来源取得的收入，为收入总额。包括：

（一）销售货物收入；

（二）提供劳务收入；

（三）转让财产收入；

（四）股息、红利等权益性投资收益；

（五）利息收入；

（六）租金收入；

（七）特许权使用费收入；

（八）接受捐赠收入；

（九）其他收入。

**第七条** 收入总额中的下列收入为不征税收入：

（一）财政拨款；

（二）依法收取并纳入财政管理的行政事业性收费、政府性基金；

（三）国务院规定的其他不征税收入。

**第八条** 企业实际发生的与取得收入有关的、合理的支出，包括成本、费用、税金、损失和其他支出，准予在计算应纳税所得额时扣除。

**第九条** 企业发生的公益性捐赠支出，在年度利润总额12%以内的部分，准予在计算应纳税所得额时扣除；超过年度利润总额12%的部分，准予结转以后三年内在计算应纳税所得额时扣除。

**第十条** 在计算应纳税所得额时，下列支出不得扣除：

（一）向投资者支付的股息、红利等权益性投资收益款项；

（二）企业所得税税款；

（三）税收滞纳金；

（四）罚金、罚款和被没收财物的损失；

（五）本法第九条规定以外的捐赠支出；

（六）赞助支出；

（七）未经核定的准备金支出；

（八）与取得收入无关的其他支出。

**第十一条** 在计算应纳税所得额时，企业按照规定计算的固定资产折旧，准予扣除。

下列固定资产不得计算折旧扣除：

（一）房屋、建筑物以外未投入使用的固定资产；

（二）以经营租赁方式租入的固定资产；

（三）以融资租赁方式租出的固定资产；

（四）已足额提取折旧仍继续使用的固定资产；

（五）与经营活动无关的固定资产；

（六）单独估价作为固定资产入账的土地；

（七）其他不得计算折旧扣除的固定资产。

**第十二条** 在计算应纳税所得额时，企业按照规定计算的无形资产摊销费用，准予扣除。

下列无形资产不得计算摊销费用扣除：

（一）自行开发的支出已在计算应纳税所得额时扣除的无形资产；

（二）自创商誉；

（三）与经营活动无关的无形资产；

（四）其他不得计算摊销费用扣除的无形资产。

**第十三条** 在计算应纳税所得额时，企业发生的下列支出作为长期待摊费用，按照规定摊销的，准予扣除：

（一）已足额提取折旧的固定资产的改建支出；

（二）租入固定资产的改建支出；

（三）固定资产的大修理支出；

（四）其他应当作为长期待摊费用的支出。

**第十四条** 企业对外投资期间，投资资产的成本在计算应纳税所得额时不得扣除。

**第十五条** 企业使用或者销售存货，按照规定计算的存货成本，准予在计算应纳税所得额时扣除。

**第十六条** 企业转让资产，该项资产的净值，准予在计算应纳税所得额时扣除。

第十七条　企业在汇总计算缴纳企业所得税时，其境外营业机构的亏损不得抵减境内营业机构的盈利。

第十八条　企业纳税年度发生的亏损，准予向以后年度结转，用以后年度的所得弥补，但结转年限最长不得超过五年。

第十九条　非居民企业取得本法第三条第三款规定的所得，按照下列方法计算其应纳税所得额：

（一）股息、红利等权益性投资收益和利息、租金、特许权使用费所得，以收入全额为应纳税所得额；

（二）转让财产所得，以收入全额减除财产净值后的余额为应纳税所得额；

（三）其他所得，参照前两项规定的方法计算应纳税所得额。

第二十条　本章规定的收入、扣除的具体范围、标准和资产的税务处理的具体办法，由国务院财政、税务主管部门规定。

第二十一条　在计算应纳税所得额时，企业财务、会计处理办法与税收法律、行政法规的规定不一致的，应当依照税收法律、行政法规的规定计算。

## 第三章　应 纳 税 额

第二十二条　企业的应纳税所得额乘以适用税率，减除依照本法关于税收优惠的规定减免和抵免的税额后的余额，为应纳税额。

第二十三条　企业取得的下列所得已在境外缴纳的所得税税额，可以从其当期应纳税额中抵免，抵免限额为该项所得依照本法规定计算的应纳税额；超过抵免限额的部分，可以在以后五个年度内，用每年度抵免限额抵免当年应抵税额后的余额进行抵补：

（一）居民企业来源于中国境外的应税所得；

（二）非居民企业在中国境内设立机构、场所，取得发生在中国境外但与该机构、场所有实际联系的应税所得。

第二十四条　居民企业从其直接或者间接控制的外国企业分得的来源于中国境外的股息、红利等权益性投资收益，外国企业在境外实际缴纳的所得税税额中属于该项所得负担的部分，可以作为该居民企业的可抵免境外所得税税额，在本法第二十三条规定的抵免限额内抵免。

## 第四章　税收优惠

第二十五条　国家对重点扶持和鼓励发展的产业和项目，给予企业所得税优惠。

第二十六条　企业的下列收入为免税收入：

（一）国债利息收入；

（二）符合条件的居民企业之间的股息、红利等权益性投资收益；

（三）在中国境内设立机构、场所的非居民企业从居民企业取得与该机构、场所有实际联系的股息、红利等权益性投资收益；

（四）符合条件的非营利组织的收入。

第二十七条　企业的下列所得，可以免征、减征企业所得税：

（一）从事农、林、牧、渔业项目的所得；

（二）从事国家重点扶持的公共基础设施项目投资经营的所得；

（三）从事符合条件的环境保护、节能节水项目的所得；

（四）符合条件的技术转让所得；

（五）本法第三条第三款规定的所得。

第二十八条　符合条件的小型微利企业，减按 20% 的税率征收企业所得税。

国家需要重点扶持的高新技术企业，减按 15% 的税率征收企业所得税。

第二十九条　民族自治地方的自治机关对本民族自治地方的企

业应缴纳的企业所得税中属于地方分享的部分，可以决定减征或者免征。自治州、自治县决定减征或者免征的，须报省、自治区、直辖市人民政府批准。

第三十条　企业的下列支出，可以在计算应纳税所得额时加计扣除：

（一）开发新技术、新产品、新工艺发生的研究开发费用；

（二）安置残疾人员及国家鼓励安置的其他就业人员所支付的工资。

第三十一条　创业投资企业从事国家需要重点扶持和鼓励的创业投资，可以按投资额的一定比例抵扣应纳税所得额。

第三十二条　企业的固定资产由于技术进步等原因，确需加速折旧的，可以缩短折旧年限或者采取加速折旧的方法。

第三十三条　企业综合利用资源，生产符合国家产业政策规定的产品所取得的收入，可以在计算应纳税所得额时减计收入。

第三十四条　企业购置用于环境保护、节能节水、安全生产等专用设备的投资额，可以按一定比例实行税额抵免。

第三十五条　本法规定的税收优惠的具体办法，由国务院规定。

第三十六条　根据国民经济和社会发展的需要，或者由于突发事件等原因对企业经营活动产生重大影响的，国务院可以制定企业所得税专项优惠政策，报全国人民代表大会常务委员会备案。

## 第五章　源泉扣缴

第三十七条　对非居民企业取得本法第三条第三款规定的所得应缴纳的所得税，实行源泉扣缴，以支付人为扣缴义务人。税款由扣缴义务人在每次支付或者到期应支付时，从支付或者到期应支付的款项中扣缴。

第三十八条　对非居民企业在中国境内取得工程作业和劳务所

得应缴纳的所得税，税务机关可以指定工程价款或者劳务费的支付人为扣缴义务人。

第三十九条　依照本法第三十七条、第三十八条规定应当扣缴的所得税，扣缴义务人未依法扣缴或者无法履行扣缴义务的，由纳税人在所得发生地缴纳。纳税人未依法缴纳的，税务机关可以从该纳税人在中国境内其他收入项目的支付人应付的款项中，追缴该纳税人的应纳税款。

第四十条　扣缴义务人每次代扣的税款，应当自代扣之日起七日内缴入国库，并向所在地的税务机关报送扣缴企业所得税报告表。

# 第六章　特别纳税调整

第四十一条　企业与其关联方之间的业务往来，不符合独立交易原则而减少企业或者其关联方应纳税收入或者所得额的，税务机关有权按照合理方法调整。

企业与其关联方共同开发、受让无形资产，或者共同提供、接受劳务发生的成本，在计算应纳税所得额时应当按照独立交易原则进行分摊。

第四十二条　企业可以向税务机关提出与其关联方之间业务往来的定价原则和计算方法，税务机关与企业协商、确认后，达成预约定价安排。

第四十三条　企业向税务机关报送年度企业所得税纳税申报表时，应当就其与关联方之间的业务往来，附送年度关联业务往来报告表。

税务机关在进行关联业务调查时，企业及其关联方，以及与关联业务调查有关的其他企业，应当按照规定提供相关资料。

第四十四条　企业不提供与其关联方之间业务往来资料，或者提供虚假、不完整资料，未能真实反映其关联业务往来情况的，税务机关有权依法核定其应纳税所得额。

第四十五条　由居民企业，或者由居民企业和中国居民控制的设立在实际税负明显低于本法第四条第一款规定税率水平的国家（地区）的企业，并非由于合理的经营需要而对利润不作分配或者减少分配的，上述利润中应归属于该居民企业的部分，应当计入该居民企业的当期收入。

第四十六条　企业从其关联方接受的债权性投资与权益性投资的比例超过规定标准而发生的利息支出，不得在计算应纳税所得额时扣除。

第四十七条　企业实施其他不具有合理商业目的的安排而减少其应纳税收入或者所得额的，税务机关有权按照合理方法调整。

第四十八条　税务机关依照本章规定作出纳税调整，需要补征税款的，应当补征税款，并按照国务院规定加收利息。

# 第七章　征收管理

第四十九条　企业所得税的征收管理除本法规定外，依照《中华人民共和国税收征收管理法》的规定执行。

第五十条　除税收法律、行政法规另有规定外，居民企业以企业登记注册地为纳税地点；但登记注册地在境外的，以实际管理机构所在地为纳税地点。

居民企业在中国境内设立不具有法人资格的营业机构的，应当汇总计算并缴纳企业所得税。

第五十一条　非居民企业取得本法第三条第二款规定的所得，以机构、场所所在地为纳税地点。非居民企业在中国境内设立两个或者两个以上机构、场所，符合国务院税务主管部门规定条件的，可以选择由其主要机构、场所汇总缴纳企业所得税。

非居民企业取得本法第三条第三款规定的所得，以扣缴义务人所在地为纳税地点。

**第五十二条** 除国务院另有规定外，企业之间不得合并缴纳企业所得税。

**第五十三条** 企业所得税按纳税年度计算。纳税年度自公历 1 月 1 日起至 12 月 31 日止。

企业在一个纳税年度中间开业，或者终止经营活动，使该纳税年度的实际经营期不足十二个月的，应当以其实际经营期为一个纳税年度。

企业依法清算时，应当以清算期间作为一个纳税年度。

**第五十四条** 企业所得税分月或者分季预缴。

企业应当自月份或者季度终了之日起十五日内，向税务机关报送预缴企业所得税纳税申报表，预缴税款。

企业应当自年度终了之日起五个月内，向税务机关报送年度企业所得税纳税申报表，并汇算清缴，结清应缴应退税款。

企业在报送企业所得税纳税申报表时，应当按照规定附送财务会计报告和其他有关资料。

**第五十五条** 企业在年度中间终止经营活动的，应当自实际经营终止之日起六十日内，向税务机关办理当期企业所得税汇算清缴。

企业应当在办理注销登记前，就其清算所得向税务机关申报并依法缴纳企业所得税。

**第五十六条** 依照本法缴纳的企业所得税，以人民币计算。所得以人民币以外的货币计算的，应当折合成人民币计算并缴纳税款。

# 第八章 附　　则

**第五十七条** 本法公布前已经批准设立的企业，依照当时的税收法律、行政法规规定，享受低税率优惠的，按照国务院规定，可以在本法施行后五年内，逐步过渡到本法规定的税率；享受定期减免税优惠的，按照国务院规定，可以在本法施行后继续享受到期满为止，但因未获利而尚未享受优惠的，优惠期限从本法施行年度起计算。

法律设置的发展对外经济合作和技术交流的特定地区内，以及国务院已规定执行上述地区特殊政策的地区内新设立的国家需要重点扶持的高新技术企业，可以享受过渡性税收优惠，具体办法由国务院规定。

国家已确定的其他鼓励类企业，可以按照国务院规定享受减免税优惠。

**第五十八条** 中华人民共和国政府同外国政府订立的有关税收的协定与本法有不同规定的，依照协定的规定办理。

**第五十九条** 国务院根据本法制定实施条例。

**第六十条** 本法自 2008 年 1 月 1 日起施行。1991 年 4 月 9 日第七届全国人民代表大会第四次会议通过的《中华人民共和国外商投资企业和外国企业所得税法》和 1993 年 12 月 13 日国务院发布的《中华人民共和国企业所得税暂行条例》同时废止。

# 中华人民共和国反垄断法

（2007 年 8 月 30 日第十届全国人民代表大会常务委员会第二十九次会议通过 根据 2022 年 6 月 24 日第十三届全国人民代表大会常务委员会第三十五次会议《关于修改〈中华人民共和国反垄断法〉的决定》修正）

## 第一章 总 则

**第一条** 为了预防和制止垄断行为，保护市场公平竞争，鼓励创新，提高经济运行效率，维护消费者利益和社会公共利益，促进社会主义市场经济健康发展，制定本法。

**第二条** 中华人民共和国境内经济活动中的垄断行为，适用本法；中华人民共和国境外的垄断行为，对境内市场竞争产生排除、限制影响的，适用本法。

**第三条** 本法规定的垄断行为包括：

（一）经营者达成垄断协议；

（二）经营者滥用市场支配地位；

（三）具有或者可能具有排除、限制竞争效果的经营者集中。

**第四条** 反垄断工作坚持中国共产党的领导。

国家坚持市场化、法治化原则，强化竞争政策基础地位，制定和实施与社会主义市场经济相适应的竞争规则，完善宏观调控，健全统一、开放、竞争、有序的市场体系。

**第五条** 国家建立健全公平竞争审查制度。

行政机关和法律、法规授权的具有管理公共事务职能的组织在制定涉及市场主体经济活动的规定时，应当进行公平竞争审查。

**第六条** 经营者可以通过公平竞争、自愿联合，依法实施集中，扩大经营规模，提高市场竞争能力。

**第七条** 具有市场支配地位的经营者，不得滥用市场支配地位，排除、限制竞争。

**第八条** 国有经济占控制地位的关系国民经济命脉和国家安全的行业以及依法实行专营专卖的行业，国家对其经营者的合法经营活动予以保护，并对经营者的经营行为及其商品和服务的价格依法实施监管和调控，维护消费者利益，促进技术进步。

前款规定行业的经营者应当依法经营，诚实守信，严格自律，接受社会公众的监督，不得利用其控制地位或者专营专卖地位损害消费者利益。

**第九条** 经营者不得利用数据和算法、技术、资本优势以及平台规则等从事本法禁止的垄断行为。

**第十条** 行政机关和法律、法规授权的具有管理公共事务职能的组织不得滥用行政权力，排除、限制竞争。

**第十一条** 国家健全完善反垄断规则制度，强化反垄断监管力量，提高监管能力和监管体系现代化水平，加强反垄断执法司法，依法公正高效审理垄断案件，健全行政执法和司法衔接机制，维护公平竞争秩序。

**第十二条** 国务院设立反垄断委员会，负责组织、协调、指导反垄断工作，履行下列职责：

（一）研究拟订有关竞争政策；

（二）组织调查、评估市场总体竞争状况，发布评估报告；

（三）制定、发布反垄断指南；

（四）协调反垄断行政执法工作；

（五）国务院规定的其他职责。

国务院反垄断委员会的组成和工作规则由国务院规定。

**第十三条** 国务院反垄断执法机构负责反垄断统一执法工作。

国务院反垄断执法机构根据工作需要，可以授权省、自治区、直辖市人民政府相应的机构，依照本法规定负责有关反垄断执法工作。

**第十四条** 行业协会应当加强行业自律，引导本行业的经营者依法竞争，合规经营，维护市场竞争秩序。

**第十五条** 本法所称经营者，是指从事商品生产、经营或者提供服务的自然人、法人和非法人组织。

本法所称相关市场，是指经营者在一定时期内就特定商品或者服务（以下统称商品）进行竞争的商品范围和地域范围。


第二章　垄　断　协　议


**第十六条** 本法所称垄断协议，是指排除、限制竞争的协议、决定或者其他协同行为。

**第十七条** 禁止具有竞争关系的经营者达成下列垄断协议：

（一）固定或者变更商品价格；

（二）限制商品的生产数量或者销售数量；

（三）分割销售市场或者原材料采购市场；

（四）限制购买新技术、新设备或者限制开发新技术、新产品；

（五）联合抵制交易；

（六）国务院反垄断执法机构认定的其他垄断协议。

**第十八条** 禁止经营者与交易相对人达成下列垄断协议：

（一）固定向第三人转售商品的价格；

（二）限定向第三人转售商品的最低价格；

（三）国务院反垄断执法机构认定的其他垄断协议。

对前款第一项和第二项规定的协议，经营者能够证明其不具有排除、限制竞争效果的，不予禁止。

经营者能够证明其在相关市场的市场份额低于国务院反垄断执法机构规定的标准，并符合国务院反垄断执法机构规定的其他条件的，不予禁止。

**第十九条** 经营者不得组织其他经营者达成垄断协议或者为其他经营者达成垄断协议提供实质性帮助。

**第二十条** 经营者能够证明所达成的协议属于下列情形之一的，不适用本法第十七条、第十八条第一款、第十九条的规定：

（一）为改进技术、研究开发新产品的；

（二）为提高产品质量、降低成本、增进效率，统一产品规格、标准或者实行专业化分工的；

（三）为提高中小经营者经营效率，增强中小经营者竞争力的；

（四）为实现节约能源、保护环境、救灾救助等社会公共利益的；

（五）因经济不景气，为缓解销售量严重下降或者生产明显过剩的；

（六）为保障对外贸易和对外经济合作中的正当利益的；

（七）法律和国务院规定的其他情形。

属于前款第一项至第五项情形，不适用本法第十七条、第十八条第一款、第十九条规定的，经营者还应当证明所达成的协议不会严重限制相关市场的竞争，并且能够使消费者分享由此产生的利益。

**第二十一条** 行业协会不得组织本行业的经营者从事本章禁止的垄断行为。

## 第三章 滥用市场支配地位

**第二十二条** 禁止具有市场支配地位的经营者从事下列滥用市场支配地位的行为：

（一）以不公平的高价销售商品或者以不公平的低价购买商品；

（二）没有正当理由，以低于成本的价格销售商品；

（三）没有正当理由，拒绝与交易相对人进行交易；

（四）没有正当理由，限定交易相对人只能与其进行交易或者只能与其指定的经营者进行交易；

（五）没有正当理由搭售商品，或者在交易时附加其他不合理的交易条件；

（六）没有正当理由，对条件相同的交易相对人在交易价格等交易条件上实行差别待遇；

（七）国务院反垄断执法机构认定的其他滥用市场支配地位的行为。

具有市场支配地位的经营者不得利用数据和算法、技术以及平台规则等从事前款规定的滥用市场支配地位的行为。

本法所称市场支配地位，是指经营者在相关市场内具有能够控制商品价格、数量或者其他交易条件，或者能够阻碍、影响其他经营者进入相关市场能力的市场地位。

**第二十三条** 认定经营者具有市场支配地位，应当依据下列因素：

（一）该经营者在相关市场的市场份额，以及相关市场的竞争状况；

（二）该经营者控制销售市场或者原材料采购市场的能力；

（三）该经营者的财力和技术条件；

（四）其他经营者对该经营者在交易上的依赖程度；

（五）其他经营者进入相关市场的难易程度；

（六）与认定该经营者市场支配地位有关的其他因素。

**第二十四条**　有下列情形之一的，可以推定经营者具有市场支配地位：

（一）一个经营者在相关市场的市场份额达到二分之一的；

（二）两个经营者在相关市场的市场份额合计达到三分之二的；

（三）三个经营者在相关市场的市场份额合计达到四分之三的。

有前款第二项、第三项规定的情形，其中有的经营者市场份额不足十分之一的，不应当推定该经营者具有市场支配地位。

被推定具有市场支配地位的经营者，有证据证明不具有市场支配地位的，不应当认定其具有市场支配地位。

# 第四章　经营者集中

**第二十五条**　经营者集中是指下列情形：

（一）经营者合并；

（二）经营者通过取得股权或者资产的方式取得对其他经营者的控制权；

（三）经营者通过合同等方式取得对其他经营者的控制权或者能够对其他经营者施加决定性影响。

**第二十六条**　经营者集中达到国务院规定的申报标准的，经营者应当事先向国务院反垄断执法机构申报，未申报的不得实施集中。

经营者集中未达到国务院规定的申报标准，但有证据证明该经营者集中具有或者可能具有排除、限制竞争效果的，国务院反垄断执法机构可以要求经营者申报。

经营者未依照前两款规定进行申报的，国务院反垄断执法机构应当依法进行调查。

第二十七条　经营者集中有下列情形之一的，可以不向国务院反垄断执法机构申报：

（一）参与集中的一个经营者拥有其他每个经营者百分之五十以上有表决权的股份或者资产的；

（二）参与集中的每个经营者百分之五十以上有表决权的股份或者资产被同一个未参与集中的经营者拥有的。

第二十八条　经营者向国务院反垄断执法机构申报集中，应当提交下列文件、资料：

（一）申报书；

（二）集中对相关市场竞争状况影响的说明；

（三）集中协议；

（四）参与集中的经营者经会计师事务所审计的上一会计年度财务会计报告；

（五）国务院反垄断执法机构规定的其他文件、资料。

申报书应当载明参与集中的经营者的名称、住所、经营范围、预定实施集中的日期和国务院反垄断执法机构规定的其他事项。

第二十九条　经营者提交的文件、资料不完备的，应当在国务院反垄断执法机构规定的期限内补交文件、资料。经营者逾期未补交文件、资料的，视为未申报。

第三十条　国务院反垄断执法机构应当自收到经营者提交的符合本法第二十八条规定的文件、资料之日起三十日内，对申报的经营者集中进行初步审查，作出是否实施进一步审查的决定，并书面通知经营者。国务院反垄断执法机构作出决定前，经营者不得实施集中。

国务院反垄断执法机构作出不实施进一步审查的决定或者逾期未作出决定的，经营者可以实施集中。

**第三十一条** 国务院反垄断执法机构决定实施进一步审查的，应当自决定之日起九十日内审查完毕，作出是否禁止经营者集中的决定，并书面通知经营者。作出禁止经营者集中的决定，应当说明理由。审查期间，经营者不得实施集中。

有下列情形之一的，国务院反垄断执法机构经书面通知经营者，可以延长前款规定的审查期限，但最长不得超过六十日：

（一）经营者同意延长审查期限的；

（二）经营者提交的文件、资料不准确，需要进一步核实的；

（三）经营者申报后有关情况发生重大变化的。

国务院反垄断执法机构逾期未作出决定的，经营者可以实施集中。

**第三十二条** 有下列情形之一的，国务院反垄断执法机构可以决定中止计算经营者集中的审查期限，并书面通知经营者：

（一）经营者未按照规定提交文件、资料，导致审查工作无法进行；

（二）出现对经营者集中审查具有重大影响的新情况、新事实，不经核实将导致审查工作无法进行；

（三）需要对经营者集中附加的限制性条件进一步评估，且经营者提出中止请求。

自中止计算审查期限的情形消除之日起，审查期限继续计算，国务院反垄断执法机构应当书面通知经营者。

**第三十三条** 审查经营者集中，应当考虑下列因素：

（一）参与集中的经营者在相关市场的市场份额及其对市场的控制力；

（二）相关市场的市场集中度；

（三）经营者集中对市场进入、技术进步的影响；

（四）经营者集中对消费者和其他有关经营者的影响；

（五）经营者集中对国民经济发展的影响；

（六）国务院反垄断执法机构认为应当考虑的影响市场竞争的其

他因素。

第三十四条　经营者集中具有或者可能具有排除、限制竞争效果的，国务院反垄断执法机构应当作出禁止经营者集中的决定。但是，经营者能够证明该集中对竞争产生的有利影响明显大于不利影响，或者符合社会公共利益的，国务院反垄断执法机构可以作出对经营者集中不予禁止的决定。

第三十五条　对不予禁止的经营者集中，国务院反垄断执法机构可以决定附加减少集中对竞争产生不利影响的限制性条件。

第三十六条　国务院反垄断执法机构应当将禁止经营者集中的决定或者对经营者集中附加限制性条件的决定，及时向社会公布。

第三十七条　国务院反垄断执法机构应当健全经营者集中分类分级审查制度，依法加强对涉及国计民生等重要领域的经营者集中的审查，提高审查质量和效率。

第三十八条　对外资并购境内企业或者以其他方式参与经营者集中，涉及国家安全的，除依照本法规定进行经营者集中审查外，还应当按照国家有关规定进行国家安全审查。

## 第五章　滥用行政权力排除、限制竞争

第三十九条　行政机关和法律、法规授权的具有管理公共事务职能的组织不得滥用行政权力，限定或者变相限定单位或者个人经营、购买、使用其指定的经营者提供的商品。

第四十条　行政机关和法律、法规授权的具有管理公共事务职能的组织不得滥用行政权力，通过与经营者签订合作协议、备忘录等方式，妨碍其他经营者进入相关市场或者对其他经营者实行不平等待遇，排除、限制竞争。

第四十一条　行政机关和法律、法规授权的具有管理公共事务职能的组织不得滥用行政权力，实施下列行为，妨碍商品在地区之

间的自由流通：

（一）对外地商品设定歧视性收费项目、实行歧视性收费标准，或者规定歧视性价格；

（二）对外地商品规定与本地同类商品不同的技术要求、检验标准，或者对外地商品采取重复检验、重复认证等歧视性技术措施，限制外地商品进入本地市场；

（三）采取专门针对外地商品的行政许可，限制外地商品进入本地市场；

（四）设置关卡或者采取其他手段，阻碍外地商品进入或者本地商品运出；

（五）妨碍商品在地区之间自由流通的其他行为。

**第四十二条** 行政机关和法律、法规授权的具有管理公共事务职能的组织不得滥用行政权力，以设定歧视性资质要求、评审标准或者不依法发布信息等方式，排斥或者限制经营者参加招标投标以及其他经营活动。

**第四十三条** 行政机关和法律、法规授权的具有管理公共事务职能的组织不得滥用行政权力，采取与本地经营者不平等待遇等方式，排斥、限制、强制或者变相强制外地经营者在本地投资或者设立分支机构。

**第四十四条** 行政机关和法律、法规授权的具有管理公共事务职能的组织不得滥用行政权力，强制或者变相强制经营者从事本法规定的垄断行为。

**第四十五条** 行政机关和法律、法规授权的具有管理公共事务职能的组织不得滥用行政权力，制定含有排除、限制竞争内容的规定。


# 第六章　对涉嫌垄断行为的调查

**第四十六条** 反垄断执法机构依法对涉嫌垄断行为进行调查。

对涉嫌垄断行为，任何单位和个人有权向反垄断执法机构举报。反垄断执法机构应当为举报人保密。

举报采用书面形式并提供相关事实和证据的，反垄断执法机构应当进行必要的调查。

**第四十七条** 反垄断执法机构调查涉嫌垄断行为，可以采取下列措施：

（一）进入被调查的经营者的营业场所或者其他有关场所进行检查；

（二）询问被调查的经营者、利害关系人或者其他有关单位或者个人，要求其说明有关情况；

（三）查阅、复制被调查的经营者、利害关系人或者其他有关单位或者个人的有关单证、协议、会计账簿、业务函电、电子数据等文件、资料；

（四）查封、扣押相关证据；

（五）查询经营者的银行账户。

采取前款规定的措施，应当向反垄断执法机构主要负责人书面报告，并经批准。

**第四十八条** 反垄断执法机构调查涉嫌垄断行为，执法人员不得少于二人，并应当出示执法证件。

执法人员进行询问和调查，应当制作笔录，并由被询问人或者被调查人签字。

**第四十九条** 反垄断执法机构及其工作人员对执法过程中知悉的商业秘密、个人隐私和个人信息依法负有保密义务。

**第五十条** 被调查的经营者、利害关系人或者其他有关单位或者个人应当配合反垄断执法机构依法履行职责，不得拒绝、阻碍反垄断执法机构的调查。

**第五十一条** 被调查的经营者、利害关系人有权陈述意见。反垄断执法机构应当对被调查的经营者、利害关系人提出的事实、理由和证据进行核实。

第五十二条　反垄断执法机构对涉嫌垄断行为调查核实后，认为构成垄断行为的，应当依法作出处理决定，并可以向社会公布。

第五十三条　对反垄断执法机构调查的涉嫌垄断行为，被调查的经营者承诺在反垄断执法机构认可的期限内采取具体措施消除该行为后果的，反垄断执法机构可以决定中止调查。中止调查的决定应当载明被调查的经营者承诺的具体内容。

反垄断执法机构决定中止调查的，应当对经营者履行承诺的情况进行监督。经营者履行承诺的，反垄断执法机构可以决定终止调查。

有下列情形之一的，反垄断执法机构应当恢复调查：

（一）经营者未履行承诺的；

（二）作出中止调查决定所依据的事实发生重大变化的；

（三）中止调查的决定是基于经营者提供的不完整或者不真实的信息作出的。

第五十四条　反垄断执法机构依法对涉嫌滥用行政权力排除、限制竞争的行为进行调查，有关单位或者个人应当配合。

第五十五条　经营者、行政机关和法律、法规授权的具有管理公共事务职能的组织，涉嫌违反本法规定的，反垄断执法机构可以对其法定代表人或者负责人进行约谈，要求其提出改进措施。

## 第七章　法律责任

第五十六条　经营者违反本法规定，达成并实施垄断协议的，由反垄断执法机构责令停止违法行为，没收违法所得，并处上一年度销售额百分之一以上百分之十以下的罚款，上一年度没有销售额的，处五百万元以下的罚款；尚未实施所达成的垄断协议的，可以处三百万元以下的罚款。经营者的法定代表人、主要负责人和直接责任人员对达成垄断协议负有个人责任的，可以处一百万元以下的罚款。

经营者组织其他经营者达成垄断协议或者为其他经营者达成垄

断协议提供实质性帮助的，适用前款规定。

经营者主动向反垄断执法机构报告达成垄断协议的有关情况并提供重要证据的，反垄断执法机构可以酌情减轻或者免除对该经营者的处罚。

行业协会违反本法规定，组织本行业的经营者达成垄断协议的，由反垄断执法机构责令改正，可以处三百万元以下的罚款；情节严重的，社会团体登记管理机关可以依法撤销登记。

第五十七条　经营者违反本法规定，滥用市场支配地位的，由反垄断执法机构责令停止违法行为，没收违法所得，并处上一年度销售额百分之一以上百分之十以下的罚款。

第五十八条　经营者违反本法规定实施集中，且具有或者可能具有排除、限制竞争效果的，由国务院反垄断执法机构责令停止实施集中、限期处分股份或者资产、限期转让营业以及采取其他必要措施恢复到集中前的状态，处上一年度销售额百分之十以下的罚款；不具有排除、限制竞争效果的，处五百万元以下的罚款。

第五十九条　对本法第五十六条、第五十七条、第五十八条规定的罚款，反垄断执法机构确定具体罚款数额时，应当考虑违法行为的性质、程度、持续时间和消除违法行为后果的情况等因素。

第六十条　经营者实施垄断行为，给他人造成损失的，依法承担民事责任。

经营者实施垄断行为，损害社会公共利益的，设区的市级以上人民检察院可以依法向人民法院提起民事公益诉讼。

第六十一条　行政机关和法律、法规授权的具有管理公共事务职能的组织滥用行政权力，实施排除、限制竞争行为的，由上级机关责令改正；对直接负责的主管人员和其他直接责任人员依法给予处分。反垄断执法机构可以向有关上级机关提出依法处理的建议。行政机关和法律、法规授权的具有管理公共事务职能的组织应当将有关改正情况书面报告上级机关和反垄断执法机构。

法律、行政法规对行政机关和法律、法规授权的具有管理公共事务职能的组织滥用行政权力实施排除、限制竞争行为的处理另有规定的，依照其规定。

第六十二条　对反垄断执法机构依法实施的审查和调查，拒绝提供有关材料、信息，或者提供虚假材料、信息，或者隐匿、销毁、转移证据，或者有其他拒绝、阻碍调查行为的，由反垄断执法机构责令改正，对单位处上一年度销售额百分之一以下的罚款，上一年度没有销售额或者销售额难以计算的，处五百万元以下的罚款；对个人处五十万元以下的罚款。

第六十三条　违反本法规定，情节特别严重、影响特别恶劣、造成特别严重后果的，国务院反垄断执法机构可以在本法第五十六条、第五十七条、第五十八条、第六十二条规定的罚款数额的二倍以上五倍以下确定具体罚款数额。

第六十四条　经营者因违反本法规定受到行政处罚的，按照国家有关规定记入信用记录，并向社会公示。

第六十五条　对反垄断执法机构依据本法第三十四条、第三十五条作出的决定不服的，可以先依法申请行政复议；对行政复议决定不服的，可以依法提起行政诉讼。

对反垄断执法机构作出的前款规定以外的决定不服的，可以依法申请行政复议或者提起行政诉讼。

第六十六条　反垄断执法机构工作人员滥用职权、玩忽职守、徇私舞弊或者泄露执法过程中知悉的商业秘密、个人隐私和个人信息的，依法给予处分。

第六十七条　违反本法规定，构成犯罪的，依法追究刑事责任。

# 第八章　附　　则

第六十八条　经营者依照有关知识产权的法律、行政法规规定行使知识产权的行为，不适用本法；但是，经营者滥用知识产权，排除、限制竞争的行为，适用本法。

第六十九条　农业生产者及农村经济组织在农产品生产、加工、销售、运输、储存等经营活动中实施的联合或者协同行为，不适用本法。

第七十条　本法自 2008 年 8 月 1 日起施行。

# 企业投资项目核准和备案管理条例

（2016 年 10 月 8 日国务院第 149 次常务会议通过
2016 年 11 月 30 日中华人民共和国国务院令第 673 号公布
自 2017 年 2 月 1 日起施行）

第一条　为了规范政府对企业投资项目的核准和备案行为，加快转变政府的投资管理职能，落实企业投资自主权，制定本条例。

第二条　本条例所称企业投资项目（以下简称项目），是指企业在中国境内投资建设的固定资产投资项目。

第三条　对关系国家安全、涉及全国重大生产力布局、战略性资源开发和重大公共利益等项目，实行核准管理。具体项目范围以及核准机关、核准权限依照政府核准的投资项目目录执行。政府核准的投资项目目录由国务院投资主管部门会同国务院有关部门提出，报国务院批准后实施，并适时调整。国务院另有规定的，依照其规定。

对前款规定以外的项目，实行备案管理。除国务院另有规定的，实行备案管理的项目按照属地原则备案，备案机关及其权限由省、自治区、直辖市和计划单列市人民政府规定。

第四条　除涉及国家秘密的项目外，项目核准、备案通过国家建立的项目在线监管平台（以下简称在线平台）办理。

核准机关、备案机关以及其他有关部门统一使用在线平台生成的项目代码办理相关手续。

国务院投资主管部门会同有关部门制定在线平台管理办法。

第五条　核准机关、备案机关应当通过在线平台列明与项目有关的产业政策，公开项目核准的办理流程、办理时限等，并为企业提供相关咨询服务。

第六条　企业办理项目核准手续，应当向核准机关提交项目申请书；由国务院核准的项目，向国务院投资主管部门提交项目申请书。项目申请书应当包括下列内容：

（一）企业基本情况；

（二）项目情况，包括项目名称、建设地点、建设规模、建设内容等；

（三）项目利用资源情况分析以及对生态环境的影响分析；

（四）项目对经济和社会的影响分析。

企业应当对项目申请书内容的真实性负责。

法律、行政法规规定办理相关手续作为项目核准前置条件的，企业应当提交已经办理相关手续的证明文件。

第七条　项目申请书由企业自主组织编制，任何单位和个人不得强制企业委托中介服务机构编制项目申请书。

核准机关应当制定并公布项目申请书示范文本，明确项目申请书编制要求。

第八条　由国务院有关部门核准的项目，企业可以通过项目所在地省、自治区、直辖市和计划单列市人民政府有关部门（以下称地方人民政府有关部门）转送项目申请书，地方人民政府有关部门应当自收到项目申请书之日起 5 个工作日内转送核准机关。

由国务院核准的项目，企业通过地方人民政府有关部门转送项目申请书的，地方人民政府有关部门应当在前款规定的期限内将项目申请书转送国务院投资主管部门，由国务院投资主管部门审核后报国务院核准。

第九条　核准机关应当从下列方面对项目进行审查：

（一）是否危害经济安全、社会安全、生态安全等国家安全；

（二）是否符合相关发展建设规划、技术标准和产业政策；

（三）是否合理开发并有效利用资源；

（四）是否对重大公共利益产生不利影响。

项目涉及有关部门或者项目所在地方人民政府职责的，核准机关应当书面征求其意见，被征求意见单位应当及时书面回复。

核准机关委托中介服务机构对项目进行评估的，应当明确评估重点；除项目情况复杂的，评估时限不得超过 30 个工作日。评估费用由核准机关承担。

**第十条** 核准机关应当自受理申请之日起 20 个工作日内，作出是否予以核准的决定；项目情况复杂或者需要征求有关单位意见的，经本机关主要负责人批准，可以延长核准期限，但延长的期限不得超过 40 个工作日。核准机关委托中介服务机构对项目进行评估的，评估时间不计入核准期限。

核准机关对项目予以核准的，应当向企业出具核准文件；不予核准的，应当书面通知企业并说明理由。由国务院核准的项目，由国务院投资主管部门根据国务院的决定向企业出具核准文件或者不予核准的书面通知。

**第十一条** 企业拟变更已核准项目的建设地点，或者拟对建设规模、建设内容等作较大变更的，应当向核准机关提出变更申请。核准机关应当自受理申请之日起 20 个工作日内，作出是否同意变更的书面决定。

**第十二条** 项目自核准机关作出予以核准决定或者同意变更决定之日起 2 年内未开工建设，需要延期开工建设的，企业应当在 2 年期限届满的 30 个工作日前，向核准机关申请延期开工建设。核准机关应当自受理申请之日起 20 个工作日内，作出是否同意延期开工建设的决定。开工建设只能延期一次，期限最长不得超过 1 年。国家对项目延期开工建设另有规定的，依照其规定。

**第十三条** 实行备案管理的项目，企业应当在开工建设前通过在线平台将下列信息告知备案机关：

（一）企业基本情况；

（二）项目名称、建设地点、建设规模、建设内容；

（三）项目总投资额；

（四）项目符合产业政策的声明。

企业应当对备案项目信息的真实性负责。

备案机关收到本条第一款规定的全部信息即为备案；企业告知的信息不齐全的，备案机关应当指导企业补正。

企业需要备案证明的，可以要求备案机关出具或者通过在线平台自行打印。

**第十四条** 已备案项目信息发生较大变更的，企业应当及时告知备案机关。

**第十五条** 备案机关发现已备案项目属于产业政策禁止投资建设或者实行核准管理的，应当及时告知企业予以纠正或者依法办理核准手续，并通知有关部门。

**第十六条** 核准机关、备案机关以及依法对项目负有监督管理职责的其他有关部门应当加强事中事后监管，按照谁审批谁监管、谁主管谁监管的原则，落实监管责任，采取在线监测、现场核查等方式，加强对项目实施的监督检查。

企业应当通过在线平台如实报送项目开工建设、建设进度、竣工的基本信息。

**第十七条** 核准机关、备案机关以及依法对项目负有监督管理职责的其他有关部门应当建立项目信息共享机制，通过在线平台实现信息共享。

企业在项目核准、备案以及项目实施中的违法行为及其处理信息，通过国家社会信用信息平台向社会公示。

**第十八条** 实行核准管理的项目，企业未依照本条例规定办理核准手续开工建设或者未按照核准的建设地点、建设规模、建设内容等进行建设的，由核准机关责令停止建设或者责令停产，对企业处项目总投资额1‰以上5‰以下的罚款；对直接负责的主管人员和其他直接责任人员处 2 万元以上 5 万元以下的罚款，属于国家工作人员的，依法给予处分。

以欺骗、贿赂等不正当手段取得项目核准文件，尚未开工建设的，由核准机关撤销核准文件，处项目总投资额 1‰ 以上 5‰ 以下的罚款；已经开工建设的，依照前款规定予以处罚；构成犯罪的，依法追究刑事责任。

第十九条 实行备案管理的项目，企业未依照本条例规定将项目信息或者已备案项目的信息变更情况告知备案机关，或者向备案机关提供虚假信息的，由备案机关责令限期改正；逾期不改正的，处 2 万元以上 5 万元以下的罚款。

第二十条 企业投资建设产业政策禁止投资建设项目的，由县级以上人民政府投资主管部门责令停止建设或者责令停产并恢复原状，对企业处项目总投资额 5‰ 以上 10‰ 以下的罚款；对直接负责的主管人员和其他直接责任人员处 5 万元以上 10 万元以下的罚款，属于国家工作人员的，依法给予处分。法律、行政法规另有规定的，依照其规定。

第二十一条 核准机关、备案机关及其工作人员在项目核准、备案工作中玩忽职守、滥用职权、徇私舞弊的，对负有责任的领导人员和直接责任人员依法给予处分；构成犯罪的，依法追究刑事责任。

第二十二条 事业单位、社会团体等非企业组织在中国境内投资建设的固定资产投资项目适用本条例，但通过预算安排的固定资产投资项目除外。

第二十三条 国防科技工业企业在中国境内投资建设的固定资产投资项目核准和备案管理办法，由国务院国防科技工业管理部门根据本条例的原则另行制定。

第二十四条 本条例自 2017 年 2 月 1 日起施行。

# 外商投资项目核准和备案管理办法

（2014 年 5 月 17 日国家发展和改革委员会令第 12 号公布　根据 2014 年 12 月 27 日国家发展和改革委员会令第 20 号《国家发展改革委关于修改〈境外投资项目核准和备案管理办法〉和〈外商投资项目核准和备案管理办法〉有关条款的决定》修正）

## 第一章　总　　则

**第一条**　为进一步深化外商投资管理体制改革，根据《中华人民共和国行政许可法》、《指导外商投资方向规定》、《国务院关于投资体制改革的决定》及《政府核准的投资项目目录》（以下简称《核准目录》），特制定本办法。

**第二条**　本办法适用于中外合资、中外合作、外商独资、外商投资合伙、外商并购境内企业、外商投资企业增资及再投资项目等各类外商投资项目。

## 第二章　项目管理方式

**第三条**　外商投资项目管理分为核准和备案两种方式。

**第四条**　外商投资项目核准权限、范围按照国务院发布的《核准目录》执行。

本办法所称项目核准机关，是指《核准目录》中规定的具有项目核准权限的行政机关。

**第五条**　本办法第四条范围以外的外商投资项目由地方政府投资主管部门备案。

第六条 外商投资企业增资项目总投资以新增投资额计算，并购项目总投资以交易额计算。

第七条 外商投资涉及国家安全的，应当按照国家有关规定进行安全审查。

# 第三章 项目核准

第八条 拟申请核准的外商投资项目应按国家有关要求编制项目申请报告。项目申请报告应包括以下内容：

（一）项目及投资方情况；

（二）资源利用和生态环境影响分析；

（三）经济和社会影响分析。

外国投资者并购境内企业项目申请报告应包括并购方情况、并购安排、融资方案和被并购方情况、被并购后经营方式、范围和股权结构、所得收入的使用安排等。

第九条 国家发展和改革委员会根据实际需要，编制并颁布项目申请报告通用文本、主要行业的项目申请报告示范文本、项目核准文件格式文本。

对于应当由国家发展和改革委员会核准或者审核后报国务院核准的项目，国家发展和改革委员会制定并颁布《服务指南》，列明项目核准的申报材料和所需附件、受理方式、办理流程、办理时限等内容，为项目申报单位提供指导和服务。

第十条 项目申请报告应附以下文件：

（一）中外投资各方的企业注册证明材料及经审计的最新企业财务报表（包括资产负债表、利润表和现金流量表）、开户银行出具的资金信用证明；

（二）投资意向书，增资、并购项目的公司董事会决议；

（三）城乡规划行政主管部门出具的选址意见书（仅指以划拨方式提供国有土地使用权的项目）；

（四）国土资源行政主管部门出具的用地预审意见（不涉及新增用地，在已批准的建设用地范围内进行改扩建的项目，可以不进行用地预审）；

（五）环境保护行政主管部门出具的环境影响评价审批文件；

（六）节能审查机关出具的节能审查意见；

（七）以国有资产出资的，需由有关主管部门出具的确认文件；

（八）根据有关法律法规的规定应当提交的其他文件。

**第十一条** 按核准权限属于国家发展和改革委员会核准的项目，由项目所在地省级发展改革部门提出初审意见后，向国家发展和改革委员会报送项目申请报告；计划单列企业集团和中央管理企业可直接向国家发展和改革委员会报送项目申请报告，并附项目所在地省级发展改革部门的意见。

**第十二条** 项目申报材料不齐全或者不符合有关要求的，项目核准机关应当在收到申报材料后 5 个工作日内一次告知项目申报单位补正。

**第十三条** 对于涉及有关行业主管部门职能的项目，项目核准机关应当商请有关行业主管部门在 7 个工作日内出具书面审查意见。有关行业主管部门逾期没有反馈书面审查意见的，视为同意。

**第十四条** 项目核准机关在受理项目申请报告之日起 4 个工作日内，对需要进行评估论证的重点问题委托有资质的咨询机构进行评估论证，接受委托的咨询机构应在规定的时间内提出评估报告。

对于可能会对公共利益造成重大影响的项目，项目核准机关在进行核准时应采取适当方式征求公众意见。对于特别重大的项目，可以实行专家评议制度。

**第十五条** 项目核准机关自受理项目核准申请之日起 20 个工作日内，完成对项目申请报告的核准。如 20 个工作日内不能做出核准决定的，由本部门负责人批准延长 10 个工作日，并将延长期限的理由告知项目申报单位。

前款规定的核准期限，委托咨询评估和进行专家评议所需的时间不计算在内。

**第十六条** 对外商投资项目的核准条件是：

（一）符合国家有关法律法规和《外商投资产业指导目录》、《中西部地区外商投资优势产业目录》的规定；

（二）符合发展规划、产业政策及准入标准；

（三）合理开发并有效利用了资源；

（四）不影响国家安全和生态安全；

（五）对公众利益不产生重大不利影响；

（六）符合国家资本项目管理、外债管理的有关规定。

**第十七条** 对予以核准的项目，项目核准机关出具书面核准文件，并抄送同级行业管理、城乡规划、国土资源、环境保护、节能审查等相关部门；对不予核准的项目，应以书面说明理由，并告知项目申报单位享有依法申请行政复议或者提起行政诉讼的权利。

## 第四章 项目备案

**第十八条** 拟申请备案的外商投资项目需由项目申报单位提交项目和投资方基本情况等信息，并附中外投资各方的企业注册证明材料、投资意向书及增资、并购项目的公司董事会决议等其他相关材料。

**第十九条** 外商投资项目备案需符合国家有关法律法规、发展规划、产业政策及准入标准，符合《外商投资产业指导目录》、《中西部地区外商投资优势产业目录》。

**第二十条** 对不予备案的外商投资项目，地方投资主管部门应在7个工作日内出具书面意见并说明理由。

## 第五章 项目变更

**第二十一条** 经核准或备案的项目如出现下列情形之一的，需向原批准机关申请变更：

（一）项目地点发生变化；

（二）投资方或股权发生变化；

（三）项目主要建设内容发生变化；

（四）有关法律法规和产业政策规定需要变更的其他情况。

**第二十二条** 变更核准和备案的程序比照本办法前述有关规定执行。

**第二十三条** 经核准的项目若变更后属于备案管理范围的，应按备案程序办理；予以备案的项目若变更后属于核准管理范围的，应按核准程序办理。

## 第六章 监 督 管 理

**第二十四条** 核准或备案文件应规定文件的有效期。在有效期内未开工建设的，项目申报单位应当在有效期届满前 30 个工作日向原核准和备案机关提出延期申请。在有效期内未开工建设且未提出延期申请的，原核准文件期满后自动失效。

**第二十五条** 对于未按规定权限和程序核准或者备案的项目，有关部门不得办理相关手续，金融机构不得提供信贷支持。

**第二十六条** 各级项目核准和备案机关要切实履行核准和备案职责，改进监督、管理和服务，提高行政效率，并按照相关规定做好项目核准及备案的信息公开工作。

**第二十七条** 各级发展改革部门应当会同同级行业管理、城乡规划、国土资源、环境保护、金融监管、安全生产监管等部门，对项目申报单位执行项目情况和外商投资项目核准或备案情况进行稽察和监督检查，加快完善信息系统，建立发展规划、产业政策、准入标准、诚信记录等信息的横向互通制度，及时通报对违法违规行为的查处情况，实现行政审批和市场监管的信息共享。

**第二十八条** 国家发展和改革委员会要联合地方发展改革部门建立完善外商投资项目管理电子信息系统，实现外商投资项目可查询、可监督，提升事中事后监管水平。

第二十九条　省级发展改革部门每月 10 日前汇总整理上月本省项目核准及备案相关情况，包括项目名称、核准及备案文号、项目所在地、中外投资方、建设内容、资金来源（包括总投资、资本金等）等，报送国家发展和改革委员会。

## 第七章　法律责任

第三十条　项目核准和备案机关及其工作人员违反本办法有关规定的，由其上级行政机关或者监察机关责令改正；情节严重的，对直接负责的主管人员和其他直接责任人员依法给予行政处分。

第三十一条　项目核准和备案机关工作人员，在项目核准和备案过程中滥用职权谋取私利，构成犯罪的，依法追究刑事责任；尚不构成犯罪的，依法给予行政处分。

第三十二条　咨询评估机构及其人员、参与专家评议的专家，在编制项目申请报告、受项目核准机关委托开展评估或者参与专家评议过程中，不遵守国家法律法规和本办法规定的，依法追究相应责任。

第三十三条　项目申报单位以拆分项目或提供虚假材料等不正当手段申请核准或备案的，项目核准和备案机关不予受理或者不予核准及备案。已经取得项目核准或备案文件的，项目核准和备案机关应依法撤销该项目的核准或备案文件。已经开工建设的，依法责令其停止建设。相应的项目核准和备案机关及有关部门应当将其纳入不良信用记录，并依法追究有关责任人的法律责任。

## 第八章　附　　则

第三十四条　具有项目核准职能的国务院行业管理部门和省级政府有关部门可以按照国家有关法律法规和本办法的规定，制定外商投资项目核准具体实施办法和相应的《服务指南》。

第三十五条　香港特别行政区、澳门特别行政区和台湾地区的投资者在祖国大陆举办的投资项目，参照本办法执行。

外国投资者以人民币在境内投资的项目，按照本办法执行。

第三十六条　法律、行政法规和国家对外商投资项目管理有专门规定的，按照有关规定执行。

第三十七条　本办法由国家发展和改革委员会负责解释。

第三十八条　本办法自2014年6月17日起施行。国家发展和改革委员会2004年10月9日发布的《外商投资项目核准暂行管理办法》（国家发展和改革委员会令第22号）同时废止。

# 最高人民法院关于审理外商投资企业
# 纠纷案件若干问题的规定（一）

（2010年5月17日最高人民法院审判委员会第1487次会议通过　根据2020年12月23日最高人民法院审判委员会第1823次会议通过的《最高人民法院关于修改〈最高人民法院关于破产企业国有划拨土地使用权应否列入破产财产等问题的批复〉等二十九件商事类司法解释的决定》修正　2020年12月29日最高人民法院公告公布　自2021年1月1日起施行　法释〔2020〕18号）

为正确审理外商投资企业在设立、变更等过程中产生的纠纷案件，保护当事人的合法权益，根据《中华人民共和国民法典》《中华人民共和国外商投资法》《中华人民共和国公司法》等法律法规的规定，结合审判实践，制定本规定。

第一条　当事人在外商投资企业设立、变更等过程中订立的合同，依法律、行政法规的规定应当经外商投资企业审批机关批准后才生效的，自批准之日起生效；未经批准的，人民法院应当认定该合同未生效。当事人请求确认该合同无效的，人民法院不予支持。

前款所述合同因未经批准而被认定未生效的，不影响合同中当事人履行报批义务条款及因该报批义务而设定的相关条款的效力。

**第二条** 当事人就外商投资企业相关事项达成的补充协议对已获批准的合同不构成重大或实质性变更的，人民法院不应以未经外商投资企业审批机关批准为由认定该补充协议未生效。

前款规定的重大或实质性变更包括注册资本、公司类型、经营范围、营业期限、股东认缴的出资额、出资方式的变更以及公司合并、公司分立、股权转让等。

**第三条** 人民法院在审理案件中，发现经外商投资企业审批机关批准的外商投资企业合同具有法律、行政法规规定的无效情形的，应当认定合同无效；该合同具有法律、行政法规规定的可撤销情形，当事人请求撤销的，人民法院应予支持。

**第四条** 外商投资企业合同约定一方当事人以需要办理权属变更登记的标的物出资或者提供合作条件，标的物已交付外商投资企业实际使用，且负有办理权属变更登记义务的一方当事人在人民法院指定的合理期限内完成了登记的，人民法院应当认定该方当事人履行了出资或者提供合作条件的义务。外商投资企业或其股东以该方当事人未履行出资义务为由主张该方当事人不享有股东权益的，人民法院不予支持。

外商投资企业或其股东举证证明该方当事人因迟延办理权属变更登记给外商投资企业造成损失并请求赔偿的，人民法院应予支持。

**第五条** 外商投资企业股权转让合同成立后，转让方和外商投资企业不履行报批义务，经受让方催告后在合理的期限内仍未履行，受让方请求解除合同并由转让方返还其已支付的转让款、赔偿因未履行报批义务而造成的实际损失的，人民法院应予支持。

**第六条** 外商投资企业股权转让合同成立后，转让方和外商投资企业不履行报批义务，受让方以转让方为被告、以外商投资企业为第三人提起诉讼，请求转让方与外商投资企业在一定期限内共同履行报批义务的，人民法院应予支持。受让方同时请求在转让方和外商投资企业于生效判决确定的期限内不履行报批义务时自行报批的，人民法院应予支持。

转让方和外商投资企业拒不根据人民法院生效判决确定的期限履行报批义务，受让方另行起诉，请求解除合同并赔偿损失的，人民法院应予支持。赔偿损失的范围可以包括股权的差价损失、股权收益及其他合理损失。

**第七条** 转让方、外商投资企业或者受让方根据本规定第六条第一款的规定就外商投资企业股权转让合同报批，未获外商投资企业审批机关批准，受让方另行起诉，请求转让方返还其已支付的转让款的，人民法院应予支持。受让方请求转让方赔偿因此造成的损失的，人民法院应根据转让方是否存在过错以及过错大小认定其是否承担赔偿责任及具体赔偿数额。

**第八条** 外商投资企业股权转让合同约定受让方支付转让款后转让方才办理报批手续，受让方未支付股权转让款，经转让方催告后在合理的期限内仍未履行，转让方请求解除合同并赔偿因迟延履行而造成的实际损失的，人民法院应予支持。

**第九条** 外商投资企业股权转让合同成立后，受让方未支付股权转让款，转让方和外商投资企业亦未履行报批义务，转让方请求受让方支付股权转让款的，人民法院应当中止审理，指令转让方在一定期限内办理报批手续。该股权转让合同获得外商投资企业审批机关批准的，对转让方关于支付转让款的诉讼请求，人民法院应予支持。

**第十条** 外商投资企业股权转让合同成立后，受让方已实际参与外商投资企业的经营管理并获取收益，但合同未获外商投资企业审批机关批准，转让方请求受让方退出外商投资企业的经营管理并将受让方因实际参与经营管理而获得的收益在扣除相关成本费用后支付给转让方的，人民法院应予支持。

第十一条　外商投资企业一方股东将股权全部或部分转让给股东之外的第三人，应当经其他股东一致同意，其他股东以未征得其同意为由请求撤销股权转让合同的，人民法院应予支持。具有以下情形之一的除外：

（一）有证据证明其他股东已经同意；

（二）转让方已就股权转让事项书面通知，其他股东自接到书面通知之日满三十日未予答复；

（三）其他股东不同意转让，又不购买该转让的股权。

第十二条　外商投资企业一方股东将股权全部或部分转让给股东之外的第三人，其他股东以该股权转让侵害了其优先购买权为由请求撤销股权转让合同的，人民法院应予支持。其他股东在知道或者应当知道股权转让合同签订之日起一年内未主张优先购买权的除外。

前款规定的转让方、受让方以侵害其他股东优先购买权为由请求认定股权转让合同无效的，人民法院不予支持。

第十三条　外商投资企业股东与债权人订立的股权质押合同，除法律、行政法规另有规定或者合同另有约定外，自成立时生效。未办理质权登记的，不影响股权质押合同的效力。

当事人仅以股权质押合同未经外商投资企业审批机关批准为由主张合同无效或未生效的，人民法院不予支持。

股权质押合同依照民法典的相关规定办理了出质登记的，股权质权自登记时设立。

第十四条　当事人之间约定一方实际投资、另一方作为外商投资企业名义股东，实际投资者请求确认其在外商投资企业中的股东身份或者请求变更外商投资企业股东的，人民法院不予支持。同时具备以下条件的除外：

（一）实际投资者已经实际投资；

（二）名义股东以外的其他股东认可实际投资者的股东身份；

（三）人民法院或当事人在诉讼期间就将实际投资者变更为股东

征得了外商投资企业审批机关的同意。

**第十五条** 合同约定一方实际投资、另一方作为外商投资企业名义股东，不具有法律、行政法规规定的无效情形的，人民法院应认定该合同有效。一方当事人仅以未经外商投资企业审批机关批准为由主张该合同无效或者未生效的，人民法院不予支持。

实际投资者请求外商投资企业名义股东依据双方约定履行相应义务的，人民法院应予支持。

双方未约定利益分配，实际投资者请求外商投资企业名义股东向其交付从外商投资企业获得的收益的，人民法院应予支持。外商投资企业名义股东向实际投资者请求支付必要报酬的，人民法院应酌情予以支持。

**第十六条** 外商投资企业名义股东不履行与实际投资者之间的合同，致使实际投资者不能实现合同目的，实际投资者请求解除合同并由外商投资企业名义股东承担违约责任的，人民法院应予支持。

**第十七条** 实际投资者根据其与外商投资企业名义股东的约定，直接向外商投资企业请求分配利润或者行使其他股东权利的，人民法院不予支持。

**第十八条** 实际投资者与外商投资企业名义股东之间的合同被认定无效，名义股东持有的股权价值高于实际投资额，实际投资者请求名义股东向其返还投资款并根据其实际投资情况以及名义股东参与外商投资企业经营管理的情况对股权收益在双方之间进行合理分配的，人民法院应予支持。

外商投资企业名义股东明确表示放弃股权或者拒绝继续持有股权的，人民法院可以判令以拍卖、变卖名义股东持有的外商投资企业股权所得向实际投资者返还投资款，其余款项根据实际投资者的实际投资情况、名义股东参与外商投资企业经营管理的情况在双方之间进行合理分配。

**第十九条** 实际投资者与外商投资企业名义股东之间的合同被

认定无效，名义股东持有的股权价值低于实际投资额，实际投资者请求名义股东向其返还现有股权的等值价款的，人民法院应予支持；外商投资企业名义股东明确表示放弃股权或者拒绝继续持有股权的，人民法院可以判令以拍卖、变卖名义股东持有的外商投资企业股权所得向实际投资者返还投资款。

实际投资者请求名义股东赔偿损失的，人民法院应当根据名义股东对合同无效是否存在过错及过错大小认定其是否承担赔偿责任及具体赔偿数额。

**第二十条** 实际投资者与外商投资企业名义股东之间的合同因恶意串通，损害国家、集体或者第三人利益，被认定无效的，人民法院应当将因此取得的财产收归国家所有或者返还集体、第三人。

**第二十一条** 外商投资企业一方股东或者外商投资企业以提供虚假材料等欺诈或者其他不正当手段向外商投资企业审批机关申请变更外商投资企业批准证书所载股东，导致外商投资企业他方股东丧失股东身份或原有股权份额，他方股东请求确认股东身份或原有股权份额的，人民法院应予支持。第三人已经善意取得该股权的除外。

他方股东请求侵权股东或者外商投资企业赔偿损失的，人民法院应予支持。

**第二十二条** 人民法院审理香港特别行政区、澳门特别行政区、台湾地区的投资者、定居在国外的中国公民在内地投资设立企业产生的相关纠纷案件，参照适用本规定。

**第二十三条** 本规定施行后，案件尚在一审或者二审阶段的，适用本规定；本规定施行前已经终审的案件，人民法院进行再审时，不适用本规定。

**第二十四条** 本规定施行前本院作出的有关司法解释与本规定相抵触的，以本规定为准。

# 最高人民法院关于适用《中华人民共和国外商投资法》若干问题的解释

（2019 年 12 月 16 日最高人民法院审判委员会第 1787 次会议通过　2019 年 12 月 26 日最高人民法院公告公布　自 2020 年 1 月 1 日起施行　法释〔2019〕20 号）

为正确适用《中华人民共和国外商投资法》，依法平等保护中外投资者合法权益，营造稳定、公平、透明的法治化营商环境，结合审判实践，就人民法院审理平等主体之间的投资合同纠纷案件适用法律问题作出如下解释。

**第一条**　本解释所称投资合同，是指外国投资者即外国的自然人、企业或者其他组织因直接或者间接在中国境内进行投资而形成的相关协议，包括设立外商投资企业合同、股份转让合同、股权转让合同、财产份额或者其他类似权益转让合同、新建项目合同等协议。

外国投资者因赠与、财产分割、企业合并、企业分立等方式取得相应权益所产生的合同纠纷，适用本解释。

**第二条**　对外商投资法第四条所指的外商投资准入负面清单之外的领域形成的投资合同，当事人以合同未经有关行政主管部门批准、登记为由主张合同无效或者未生效的，人民法院不予支持。

前款规定的投资合同签订于外商投资法施行前，但人民法院在外商投资法施行时尚未作出生效裁判的，适用前款规定认定合同的效力。

**第三条**　外国投资者投资外商投资准入负面清单规定禁止投资的领域，当事人主张投资合同无效的，人民法院应予支持。

**第四条**　外国投资者投资外商投资准入负面清单规定限制投资

的领域，当事人以违反限制性准入特别管理措施为由，主张投资合同无效的，人民法院应予支持。

人民法院作出生效裁判前，当事人采取必要措施满足准入特别管理措施的要求，当事人主张前款规定的投资合同有效的，应予支持。

**第五条** 在生效裁判作出前，因外商投资准入负面清单调整，外国投资者投资不再属于禁止或者限制投资的领域，当事人主张投资合同有效的，人民法院应予支持。

**第六条** 人民法院审理香港特别行政区、澳门特别行政区投资者、定居在国外的中国公民在内地、台湾地区投资者在大陆投资产生的相关纠纷案件，可以参照适用本解释。

**第七条** 本解释自 2020 年 1 月 1 日起施行。

本解释施行前本院作出的有关司法解释与本解释不一致的，以本解释为准。


# 外商投资企业授权登记管理办法

（2022 年 3 月 1 日国家市场监督管理总局令第 51 号公布
自 2022 年 4 月 1 日起施行）


**第一条** 为了规范外商投资企业登记管理工作，明确各级市场监督管理部门职责，根据《中华人民共和国外商投资法》《中华人民共和国外商投资法实施条例》等法律法规制定本办法。

**第二条** 外商投资企业及其分支机构登记管理授权和规范，适用本办法。

外国公司分支机构以及其他依照国家规定应当执行外资产业政策的企业、香港特别行政区和澳门特别行政区投资者在内地、台湾地区投资者在大陆投资设立的企业及其分支机构登记管理授权和规范，参照本办法执行。

第三条　国家市场监督管理总局负责全国的外商投资企业登记管理，并可以根据本办法规定的条件授权地方人民政府市场监督管理部门承担外商投资企业登记管理工作。

被授权的地方人民政府市场监督管理部门（以下简称被授权局）以自己的名义在被授权范围内承担外商投资企业登记管理工作。

未经国家市场监督管理总局授权，不得开展或者变相开展外商投资企业登记管理工作。

第四条　具备下列条件的市场监督管理部门可以申请外商投资企业登记管理授权：

（一）辖区内外商投资达到一定规模，或者已经设立的外商投资企业达 50 户以上；

（二）能够正确执行国家企业登记管理法律法规和外商投资管理政策；

（三）有从事企业登记注册的专职机构和编制，有稳定的工作人员，其数量与能力应当与开展被授权工作的要求相适应；

（四）有较好的办公条件，包括必要的硬件设备、畅通的网络环境和统一数据标准、业务规范、平台数据接口的登记注册系统等，能及时将企业登记注册信息和外商投资信息报告信息上传至国家市场监督管理总局；

（五）有健全的外商投资企业登记管理工作制度。

第五条　申请外商投资企业登记管理授权，应当提交下列文件：

（一）申请局签署的授权申请书，申请书应当列明具备本办法第四条所规定授权条件的情况以及申请授权的范围；

（二）负责外商投资企业登记管理工作的人员名单，名单应当载明职务、参加业务培训情况；

（三）有关外商投资企业登记管理工作制度的文件。

第六条　省级以下市场监督管理部门申请授权的，应当向省级市场监督管理部门提出书面报告。省级市场监督管理部门经审查，认为符合本办法规定条件的，应当出具审查报告，与申请局提交的申请文件一并报国家市场监督管理总局。

第七条　国家市场监督管理总局经审查，对申请局符合本办法规定条件的，应当作出授权决定，授权其承担外商投资企业登记管理工作。

国家市场监督管理总局应当在官网公布并及时更新其授权的市场监督管理部门名单。

第八条　被授权局的登记管辖范围由国家市场监督管理总局根据有关法律法规，结合实际情况确定，并在授权文件中列明。

被授权局负责其登记管辖范围内外商投资企业的设立、变更、注销登记、备案及其监督管理。

第九条　被授权局应当严格按照下列要求开展外商投资企业登记管理工作：

（一）以自己的名义在被授权范围内依法作出具体行政行为；

（二）严格遵守国家法律法规规章，严格执行外商投资准入前国民待遇加负面清单管理制度，强化登记管理秩序，维护国家经济安全；

（三）严格执行授权局的工作部署和要求，认真接受授权局指导和监督；

（四）被授权局执行涉及外商投资企业登记管理的地方性法规、地方政府规章和政策文件，应当事先报告授权局，征求授权局意见。

被授权局为省级以下市场监督管理部门的，应当接受省级被授权局的指导和监督，认真执行其工作部署和工作要求。

被授权局名称等情况发生变化或者不再履行外商投资企业登记管理职能的，应当由省级市场监督管理部门及时向国家市场监督管理总局申请变更或者撤销授权。

第十条　被授权局在外商投资企业登记管理工作中不得存在下列情形：

（一）超越被授权范围开展工作；

（二）转授权给其他行政管理部门；

（三）拒不接受授权局指导或者执行授权局的规定；

（四）在工作中弄虚作假或者存在其他严重失职行为；

（五）其他违反法律法规以及本办法规定的情形。

**第十一条** 国家市场监督管理总局对被授权局存在第十条所列情形以及不再符合授权条件的，可以作出以下处理：

（一）责令被授权局撤销或者改正其违法或者不适当的行政行为；

（二）直接撤销被授权局违法或者不适当的行政行为；

（三）通报批评；

（四）建议有关机关对直接责任人员按规定给予处分，构成犯罪的，依法追究刑事责任；

（五）撤销部分或者全部授权。

**第十二条** 上级市场监督管理部门对下级被授权局在外商投资企业登记管理工作中存在第十条所列情形的，可以作出以下处理：

（一）责令被授权局撤销、变更或者改正其不适当的行政行为；

（二）建议国家市场监督管理总局撤销被授权局的不适当行政行为；

（三）在辖区内通报批评；

（四）建议有关机关对直接责任人员给予处分，构成犯罪的，依法追究刑事责任；

（五）建议国家市场监督管理总局撤销部分或者全部授权。

**第十三条** 本办法自 2022 年 4 月 1 日起施行。2002 年 12 月 10 日原国家工商行政管理总局令第 4 号公布的《外商投资企业授权登记管理办法》同时废止。

# 外商投资安全审查办法

（2020 年 12 月 19 日国家发展和改革委员会、商务部令第 37 号公布 自 2021 年 1 月 18 日起施行）

**第一条** 为了适应推动形成全面开放新格局的需要，在积极促进外商投资的同时有效预防和化解国家安全风险，根据《中华人民共和国外商投资法》《中华人民共和国国家安全法》和相关法律，制定本办法。

**第二条** 对影响或者可能影响国家安全的外商投资，依照本办法的规定进行安全审查。

本办法所称外商投资，是指外国投资者直接或者间接在中华人民共和国境内（以下简称境内）进行的投资活动，包括下列情形：

（一）外国投资者单独或者与其他投资者共同在境内投资新建项目或者设立企业；

（二）外国投资者通过并购方式取得境内企业的股权或者资产；

（三）外国投资者通过其他方式在境内投资。

**第三条** 国家建立外商投资安全审查工作机制（以下简称工作机制），负责组织、协调、指导外商投资安全审查工作。

工作机制办公室设在国家发展改革委，由国家发展改革委、商务部牵头，承担外商投资安全审查的日常工作。

**第四条** 下列范围内的外商投资，外国投资者或者境内相关当事人（以下统称当事人）应当在实施投资前主动向工作机制办公室申报：

（一）投资军工、军工配套等关系国防安全的领域，以及在军事设施和军工设施周边地域投资；

（二）投资关系国家安全的重要农产品、重要能源和资源、重大装备制造、重要基础设施、重要运输服务、重要文化产品与服务、重要信息技术和互联网产品与服务、重要金融服务、关键技术以及其他重要领域，并取得所投资企业的实际控制权。

前款第二项所称取得所投资企业的实际控制权，包括下列情形：

（一）外国投资者持有企业50%以上股权；

（二）外国投资者持有企业股权不足50%，但其所享有的表决权能够对董事会、股东会或者股东大会的决议产生重大影响；

（三）其他导致外国投资者能够对企业的经营决策、人事、财务、技术等产生重大影响的情形。

对本条第一款规定范围（以下称申报范围）内的外商投资，工作机制办公室有权要求当事人申报。

**第五条** 当事人向工作机制办公室申报外商投资前，可以就有关问题向工作机制办公室进行咨询。

**第六条** 当事人向工作机制办公室申报外商投资，应当提交下列材料：

（一）申报书；

（二）投资方案；

（三）外商投资是否影响国家安全的说明；

（四）工作机制办公室规定的其他材料。

申报书应当载明外国投资者的名称、住所、经营范围、投资的基本情况以及工作机制办公室规定的其他事项。

工作机制办公室根据工作需要，可以委托省、自治区、直辖市人民政府有关部门代为收取并转送本条第一款规定的材料。

**第七条** 工作机制办公室应当自收到当事人提交或者省、自治区、直辖市人民政府有关部门转送的符合本办法第六条规定的材料之日起15个工作日内，对申报的外商投资作出是否需要进行安全审查的决定，并书面通知当事人。工作机制办公室作出决定前，当事人不得实施投资。

工作机制办公室作出不需要进行安全审查决定的，当事人可以实施投资。

**第八条** 外商投资安全审查分为一般审查和特别审查。工作机制办公室决定对申报的外商投资进行安全审查的,应当自决定之日起 30 个工作日内完成一般审查。审查期间,当事人不得实施投资。

经一般审查,认为申报的外商投资不影响国家安全的,工作机制办公室应当作出通过安全审查的决定;认为影响或者可能影响国家安全的,工作机制办公室应当作出启动特别审查的决定。工作机制办公室作出的决定应当书面通知当事人。

**第九条** 工作机制办公室决定对申报的外商投资启动特别审查的,审查后应当按照下列规定作出决定,并书面通知当事人:

(一)申报的外商投资不影响国家安全的,作出通过安全审查的决定;

(二)申报的外商投资影响国家安全的,作出禁止投资的决定;通过附加条件能够消除对国家安全的影响,且当事人书面承诺接受附加条件的,可以作出附条件通过安全审查的决定,并在决定中列明附加条件。

特别审查应当自启动之日起 60 个工作日内完成;特殊情况下,可以延长审查期限。延长审查期限应当书面通知当事人。审查期间,当事人不得实施投资。

**第十条** 工作机制办公室对申报的外商投资进行安全审查期间,可以要求当事人补充提供相关材料,并向当事人询问有关情况。当事人应当予以配合。

当事人补充提供材料的时间不计入审查期限。

**第十一条** 工作机制办公室对申报的外商投资进行安全审查期间,当事人可以修改投资方案或者撤销投资。

当事人修改投资方案的,审查期限自工作机制办公室收到修改后的投资方案之日起重新计算;当事人撤销投资的,工作机制办公室终止审查。

第十二条　工作机制办公室对申报的外商投资作出通过安全审查决定的，当事人可以实施投资；作出禁止投资决定的，当事人不得实施投资，已经实施的，应当限期处分股权或者资产以及采取其他必要措施，恢复到投资实施前的状态，消除对国家安全的影响；作出附条件通过安全审查决定的，当事人应当按照附加条件实施投资。

第十三条　外商投资安全审查决定，由工作机制办公室会同有关部门、地方人民政府监督实施；对附条件通过安全审查的外商投资，可以采取要求提供有关证明材料、现场检查等方式，对附加条件的实施情况进行核实。

第十四条　工作机制办公室对申报的外商投资作出不需要进行安全审查或者通过安全审查的决定后，当事人变更投资方案，影响或者可能影响国家安全的，应当依照本办法的规定重新向工作机制办公室申报。

第十五条　有关机关、企业、社会团体、社会公众等认为外商投资影响或者可能影响国家安全的，可以向工作机制办公室提出进行安全审查的建议。

第十六条　对申报范围内的外商投资，当事人未依照本办法的规定申报即实施投资的，由工作机制办公室责令限期申报；拒不申报的，责令限期处分股权或者资产以及采取其他必要措施，恢复到投资实施前的状态，消除对国家安全的影响。

第十七条　当事人向工作机制办公室提供虚假材料或者隐瞒有关信息的，由工作机制办公室责令改正；提供虚假材料或者隐瞒有关信息骗取通过安全审查的，撤销相关决定；已经实施投资的，责令限期处分股权或者资产以及采取其他必要措施，恢复到投资实施前的状态，消除对国家安全的影响。

第十八条　附条件通过安全审查的外商投资，当事人未按照附加条件实施投资的，由工作机制办公室责令改正；拒不改正的，责令限期处分股权或者资产以及采取其他必要措施，恢复到投资实施前的状态，消除对国家安全的影响。

**第十九条** 当事人有本办法第十六条、第十七条、第十八条规定情形的，应当将其作为不良信用记录纳入国家有关信用信息系统，并按照国家有关规定实施联合惩戒。

**第二十条** 国家机关工作人员在外商投资安全审查工作中，滥用职权、玩忽职守、徇私舞弊、泄露国家秘密或者其所知悉的商业秘密的，依法给予处分；构成犯罪的，依法追究刑事责任。

**第二十一条** 香港特别行政区、澳门特别行政区、台湾地区投资者进行投资，影响或者可能影响国家安全的，参照本办法的规定执行。

**第二十二条** 外国投资者通过证券交易所或者国务院批准的其他证券交易场所购买境内企业股票，影响或者可能影响国家安全的，其适用本办法的具体办法由国务院证券监督管理机构会同工作机制办公室制定。

**第二十三条** 本办法自公布之日起三十日后施行。

# 外商投资企业投诉工作办法

（2020 年 8 月 25 日商务部令 2020 年第 3 号公布
自 2020 年 10 月 1 日起施行）

## 第一章　总　　则

**第一条** 为及时有效处理外商投资企业投诉，保护外商投资合法权益，持续优化外商投资环境，根据《中华人民共和国外商投资法》和《中华人民共和国外商投资法实施条例》，制定本办法。

**第二条** 本办法所称外商投资企业投诉，是指：

（一）外商投资企业、外国投资者（以下统称投诉人）认为行政机关（包括法律、法规授权的具有管理公共事务职能的组织）及其工作人员（以下统称被投诉人）的行政行为侵犯其合法权益，向投诉工作机构申请协调解决的行为；

（二）投诉人向投诉工作机构反映投资环境方面存在的问题，建议完善有关政策措施的行为。

前款所称投诉工作机构，是指商务部和县级以上地方人民政府指定的负责受理外商投资企业投诉的部门或者机构。

本办法所称外商投资企业投诉，不包括外商投资企业、外国投资者申请协调解决与其他自然人、法人或者其他组织之间民商事纠纷的行为。

**第三条** 投诉工作机构应当坚持公平公正合法、分级负责原则，及时处理投诉人反映的问题，协调完善相关政策措施。

**第四条** 投诉人应当如实反映投诉事实，提供证据，积极协助投诉工作机构开展投诉处理工作。

**第五条** 商务部会同国务院有关部门建立外商投资企业投诉工作部际联席会议制度（以下简称联席会议），协调、推动中央层面的外商投资企业投诉工作，指导和监督地方的外商投资企业投诉工作。联席会议办公室设在商务部外国投资管理司，承担联席会议的日常工作，指导和监督全国外商投资企业投诉中心的工作。

**第六条** 商务部负责处理下列投诉事项：

（一）涉及国务院有关部门，省、自治区、直辖市人民政府及其工作人员行政行为的；

（二）建议国务院有关部门，省、自治区、直辖市人民政府完善相关政策措施的；

（三）在全国范围内或者国际上有重大影响，商务部认为可以由其处理的。

商务部设立全国外商投资企业投诉中心（以下简称全国外资投诉中心，暂设在商务部投资促进事务局），负责具体处理前款规定的投诉事项。

全国外资投诉中心组织与外商投资有关的政策法规宣传,开展外商投资企业投诉工作培训,推广投诉事项处理经验,提出相关政策建议,督促地方做好外商投资企业投诉工作,积极预防投诉事项的发生。

**第七条** 县级以上地方人民政府应当指定部门或者机构(以下简称地方投诉工作机构)负责投诉工作。地方投诉工作机构应当完善投诉工作规则、健全投诉方式、明确投诉事项受理范围和投诉处理时限。

地方投诉工作机构受理投诉人对本地区行政机关及其工作人员行政行为和建议完善本地区相关政策措施的投诉事项。

**第八条** 投诉人依照本办法规定申请协调解决其与行政机关之间争议的,不影响其在法定时限内提起行政复议、行政诉讼等程序的权利。

**第九条** 《中华人民共和国外商投资法》第二十七条规定的商会、协会可以参照本办法,向投诉工作机构反映会员提出的投资环境方面存在的问题,并提交具体的政策措施建议。

## 第二章 投诉的提出与受理

**第十条** 投诉人提出投诉事项,应当提交书面投诉材料。投诉材料可以现场提交,也可以通过信函、传真、电子邮件、在线申请等方式提交。

各级投诉工作机构应当公布其地址、电话和传真号码、电子邮箱、网站等信息,便利投诉人提出投诉事项。

**第十一条** 属于本办法第二条第一款第(一)项规定的投诉的,投诉材料应当包括下列内容:

(一)投诉人的姓名或者名称、通讯地址、邮编、有关联系人和联系方式，主体资格证明材料，提出投诉的日期；

（二）被投诉人的姓名或者名称、通讯地址、邮编、有关联系人和联系方式；

（三）明确的投诉事项和投诉请求；

（四）有关事实、证据和理由，如有相关法律依据可以一并提供；

（五）是否存在本办法第十四条第（七）、（八）、（九）项所列情形的说明。

属于本办法第二条第一款第（二）项规定的投诉的，投诉材料应当包括前款第（一）项规定的信息、投资环境方面存在的相关问题以及具体政策措施建议。

投诉材料应当用中文书写。有关证据和材料原件以外文书写的，应当提交准确、完整的中文翻译件。

**第十二条** 投诉人可以委托他人进行投诉。投诉人委托他人进行投诉的，除本办法第十一条规定的材料以外，还应当向投诉工作机构提交投诉人的身份证明、出具的授权委托书和受委托人的身份证明。授权委托书应当载明委托事项、权限和期限。

**第十三条** 投诉材料不齐全的，投诉工作机构应当在收到投诉材料后7个工作日内一次性书面通知投诉人在15个工作日内补正。补正通知应当载明需要补正的事项和期限。

**第十四条** 投诉具有以下情形的，投诉工作机构不予受理：

（一）投诉主体不属于外商投资企业、外国投资者的；

（二）申请协调解决与其他自然人、法人或者其他组织之间民商事纠纷，或者不属于本办法规定的外商投资企业投诉事项范围的；

（三）不属于本投诉工作机构的投诉事项处理范围的；

（四）经投诉工作机构依据本办法第十三条的规定通知补正后，投诉材料仍不符合本办法第十一条要求的；

（五）投诉人伪造、变造证据或者明显缺乏事实依据的；

（六）没有新的证据或者法律依据，向同一投诉工作机构重复投诉的；

（七）同一投诉事项已经由上级投诉工作机构受理或者处理终结的；

（八）同一投诉事项已经由信访等部门受理或者处理终结的；

（九）同一投诉事项已经进入或者完成行政复议、行政诉讼等程序的。

**第十五条** 投诉工作机构接到完整齐备的投诉材料，应当在 7 个工作日内作出是否受理的决定。

符合投诉受理条件的，应当予以受理并向投诉人发出投诉受理通知书。

不符合投诉受理条件的，投诉工作机构应当于 7 个工作日内向投诉人发出不予受理通知书并说明不予受理的理由。属于本办法第十四条第一款第（三）项情形的，投诉工作机构可以告知投诉人向有关投诉工作机构提出投诉。

## 第三章　投诉处理

**第十六条** 投诉工作机构在受理投诉后，应当与投诉人和被投诉人进行充分沟通，了解情况，依法协调处理，推动投诉事项的妥善解决。

**第十七条** 投诉工作机构进行投诉处理时，可以要求投诉人进一步说明情况、提供材料或者提供其他必要的协助，投诉人应当予以协助；投诉工作机构可以向被投诉人了解情况，被投诉人应当予以配合。

根据投诉事项具体情况，投诉工作机构可以组织召开会议，邀请投诉人和被投诉人共同参加，陈述意见，探讨投诉事项的解决方案。投诉工作机构根据投诉处理工作需要，可以就专业问题听取有关专家意见。

第十八条　根据投诉事项不同情况，投诉工作机构可以采取下列方式进行处理：

（一）推动投诉人和被投诉人达成谅解（包括达成和解协议）；

（二）与被投诉人进行协调；

（三）向县级以上人民政府及其有关部门提交完善相关政策措施的建议；

（四）投诉工作机构认为适当的其他处理方式。

投诉人和被投诉人签署和解协议的，应当写明达成和解的事项和结果。依法订立的和解协议对投诉人和被投诉人具有约束力。被投诉人不履行生效和解协议的，依据《中华人民共和国外商投资法实施条例》第四十一条的规定处理。

第十九条　投诉工作机构应当在受理投诉之日起 60 个工作日内办结受理的投诉事项。涉及部门多、情况复杂的投诉事项，可以适当延长处理期限。

第二十条　有下列情况之一的，投诉处理终结：

（一）投诉工作机构依据本办法第十八条进行协调处理，投诉人同意终结的；

（二）投诉事项与事实不符的，或者投诉人拒绝提供材料导致无法查明有关事实的；

（三）投诉人的有关诉求没有法律依据的；

（四）投诉人书面撤回投诉的；

（五）投诉人不再符合投诉主体资格的；

（六）经投诉工作机构联系，投诉人连续 30 日无正当理由不参加投诉处理工作的。

投诉处理期间，出现本办法第十四条第（七）、（八）、（九）项所列情形的，视同投诉人书面撤回投诉。

投诉处理终结后，投诉工作机构应当在 3 个工作日内将投诉处理结果书面通知投诉人。

第二十一条　投诉事项自受理之日起一年未能依据本办法第二

十条处理终结的，投诉工作机构应当及时向本级人民政府报告有关情况，提出有关工作建议。

第二十二条　投诉人对地方投诉工作机构作出的不予受理决定或者投诉处理结果有异议的，可以就原投诉事项逐级向上级投诉工作机构提起投诉。上级投诉工作机构可以根据本机构投诉工作规则决定是否受理原投诉事项。

第二十三条　投诉工作机构应当建立健全内部管理制度，依法采取有效措施保护投诉处理过程中知悉的投诉人的商业秘密、保密商务信息和个人隐私。

## 第四章　投诉工作管理制度

第二十四条　投诉工作机构应当建立投诉档案管理制度，及时、全面、准确记录有关投诉事项的受理和处理情况，按年度进行归档。

第二十五条　地方投诉工作机构应当每两个月向上一级投诉工作机构上报投诉工作情况，包括收到投诉数量、处理进展情况、已处理完结投诉事项的详细情况和有关政策建议等。

省、自治区、直辖市投诉工作机构应当在单数月前 7 个工作日内向全国外资投诉中心上报前两个月本地区投诉工作情况，由全国外资投诉中心汇总后提交联席会议办公室。

第二十六条　地方投诉工作机构在处理投诉过程中，发现有关地方或者部门工作中存在普遍性问题，或者有关规范性文件存在违反法律规定或者明显不当的情形的，可以向全国外资投诉中心反映并提出完善政策措施建议，由全国外资投诉中心汇总后提交联席会议办公室。

第二十七条　全国外资投诉中心督促各省、自治区、直辖市投诉工作，建立定期督查制度，向各省、自治区、直辖市人民政府通报投诉工作情况，并视情向社会公示。

第二十八条　全国外资投诉中心应当按年度向联席会议办公室报送外商投资企业权益保护建议书，总结外商投资企业、外国投资者、商会、协会、有关地方和部门反映的典型案例、重大问题、政策措施建议，提出加强投资保护、改善投资环境的相关建议。

## 第五章　附　　则

第二十九条　投诉工作机构及其工作人员在处理外商投资企业投诉过程中滥用职权、玩忽职守、徇私舞弊的，或者泄露、非法向他人提供投诉处理过程中知悉的商业秘密、保密商务信息和个人隐私的，依据《中华人民共和国外商投资法》第三十九条的规定处理。

第三十条　投诉人通过外商投资投诉工作机制反映或者申请协调解决问题，任何单位和个人不得压制或者打击报复。

第三十一条　香港特别行政区、澳门特别行政区、台湾地区投资者以及定居在国外的中国公民所投资企业投诉工作，参照本办法办理。

第三十二条　本办法由商务部负责解释。

第三十三条　本办法自 2020 年 10 月 1 日起施行。2006 年 9 月 1 日商务部第 2 号令公布的《商务部外商投资企业投诉工作暂行办法》同时废止。

# 外商投资信息报告办法

（2019 年 12 月 30 日商务部、国家市场监督管理总局令 2019 年第 2 号公布　自 2020 年 1 月 1 日起施行）

## 第一章　总　　则

第一条　为进一步扩大对外开放，提升外商投资促进、保护和管理水平，完善外商投资政策措施，改善营商环境，根据《中华人民共和国外商投资法》及《中华人民共和国外商投资法实施条例》，制定本办法。

**第二条** 外国投资者直接或者间接在中国境内进行投资活动，应由外国投资者或者外商投资企业根据本办法向商务主管部门报送投资信息。

**第三条** 商务部负责统筹和指导全国范围内外商投资信息报告工作。

县级以上地方人民政府商务主管部门以及自由贸易试验区、国家级经济技术开发区的相关机构负责本区域内外商投资信息报告工作。

**第四条** 外国投资者或者外商投资企业应当通过企业登记系统以及国家企业信用信息公示系统向商务主管部门报送投资信息。

市场监管部门应当及时将外国投资者、外商投资企业报送的上述投资信息推送至商务主管部门。

商务部建立外商投资信息报告系统，及时接收、处理市场监管部门推送的投资信息以及部门共享信息等。

**第五条** 市场监管总局统筹指导全国企业登记系统、国家企业信用信息公示系统建设，保障外商投资信息报告的实施。

**第六条** 各级商务主管部门和市场监管部门应当做好工作衔接。商务主管部门应当为外国投资者和外商投资企业报送投资信息提供专门指导。

**第七条** 外国投资者或者外商投资企业应当及时报送投资信息，遵循真实、准确、完整原则，不得进行虚假或误导性报告，不得有重大遗漏。

## 第二章　报告主体、内容与方式

**第八条** 外国投资者或者外商投资企业应当按照本办法规定通

过提交初始报告、变更报告、注销报告、年度报告等方式报送投资信息。

第九条　外国投资者在中国境内设立外商投资企业，应于办理外商投资企业设立登记时通过企业登记系统提交初始报告。

外国投资者股权并购境内非外商投资企业，应在办理被并购企业变更登记时通过企业登记系统提交初始报告。

第十条　外国投资者提交初始报告，应当报送企业基本信息、投资者及其实际控制人信息、投资交易信息等信息。

第十一条　初始报告的信息发生变更，涉及企业变更登记（备案）的，外商投资企业应于办理企业变更登记（备案）时通过企业登记系统提交变更报告。

不涉及企业变更登记（备案）的，外商投资企业应于变更事项发生后20个工作日内通过企业登记系统提交变更报告。企业根据章程对变更事项作出决议的，以作出决议的时间为变更事项的发生时间；法律法规对变更事项的生效条件另有要求的，以满足相应要求的时间为变更事项的发生时间。

外商投资的上市公司及在全国中小企业股份转让系统挂牌的公司，可仅在外国投资者持股比例变化累计超过5%或者引起外方控股、相对控股地位发生变化时，报告投资者及其所持股份变更信息。

第十二条　外商投资企业提交变更报告，应当报送企业基本信息、投资者及其实际控制人信息、投资交易信息等信息的变更情况。

第十三条　外商投资企业注销或者转为内资企业的，在办理企业注销登记或者企业变更登记后视同已提交注销报告，相关信息由市场监管部门推送至商务主管部门，外商投资企业无需另行报送。

第十四条　外商投资企业应于每年1月1日至6月30日通过国家企业信用信息公示系统提交上一年度的年度报告。

当年设立的外商投资企业，自下一年起报送年度报告。

第十五条　外商投资企业提交年度报告，应当报送企业基本信息、投资者及其实际控制人信息、企业经营和资产负债等信息，涉及外商投资准入特别管理措施的，还应当报送获得相关行业许可信息。

第十六条　初始报告、变更报告和年度报告等的具体内容，按照确有必要原则，结合外商投资实际情况和企业登记注册、企业信息公示的有关规定确定，由商务部以公告形式对外发布。

## 第三章　信息共享、公示与更正

第十七条　商务主管部门与有关部门应当根据信息报告工作需要建立外商投资信息共享机制。

除法律、行政法规另有规定外，有关部门在履行职责过程中获取的外商投资信息，应当及时与商务主管部门共享。

第十八条　外国投资者或者外商投资企业报送的投资信息，根据《企业信息公示暂行条例》应当向社会公示或者外国投资者、外商投资企业同意公示的，将通过国家企业信用信息公示系统及外商投资信息报告系统向社会公示。

第十九条　外国投资者或者外商投资企业发现其存在未报、错报、漏报有关投资信息的，应当及时进行补报或更正。外商投资企业对《企业信息公示暂行条例》第九条所列年度报告公示信息的补报或者更正应当符合该条例有关规定。

商务主管部门发现外国投资者或者外商投资企业存在未报、错报、漏报的，应当通知外国投资者或者外商投资企业于 20 个工作日内进行补报或更正。

更正涉及公示事项的，更正前后的信息应当同时公示。

## 第四章　监督管理

第二十条　商务主管部门对外国投资者、外商投资企业遵守本办法情况实施监督检查。

商务主管部门可联合有关部门，采取抽查、根据举报进行检查、根据有关部门或司法机关的建议和反映的情况进行检查，以及依职权启动检查等方式开展监督检查。

第二十一条　商务主管部门采取抽查方式对外国投资者、外商投资企业履行信息报告义务的情况实施监督检查，应当随机抽取检查对象、随机选派执法检查人员，抽查事项及查处结果及时通过外商投资信息报告系统公示平台予以公示。

公民、法人或其他组织发现外国投资者或者外商投资企业存在违反本办法的行为的，可向商务主管部门举报。举报采取书面形式，有明确的被举报人，并提供相关事实和证据的，商务主管部门接到举报后应当依法及时处理。

其他有关部门或司法机关在履行职责的过程中，发现外国投资者或者外商投资企业有违反本办法的行为的，可向商务主管部门提出监督检查的建议，商务主管部门接到相关建议后应当依法及时处理。

对于未按本办法的规定进行报告，或曾有报告不实、对监督检查不予配合、拒不履行商务主管部门作出的行政处罚决定记录的外国投资者或者外商投资企业，商务主管部门可依职权对其启动检查。

第二十二条　商务主管部门可采取实地核查、书面检查等方式进行监督检查，可根据需要从其他部门获取信息用于核实外国投资者或者外商投资企业报送的投资信息是否真实、准确、完整、及时。商务主管部门可依法查阅或者要求被检查人提供有关材料，被检查人应当配合检查，如实提供。

第二十三条　商务主管部门实施监督检查不得妨碍被检查人正常的生产经营活动，不得接受被检查人提供的财物或者服务，不得谋取其他非法利益。

第二十四条　商务主管部门、市场监管部门应当依法保护履行职责过程中知悉的外国投资者、外商投资企业的商业秘密。

# 第五章　法　律　责　任

**第二十五条**　外国投资者或者外商投资企业未按照本办法要求报送投资信息，且在商务主管部门通知后未按照本办法第十九条予以补报或更正的，由商务主管部门责令其于 20 个工作日内改正；逾期不改正的，处十万元以上三十万元以下罚款；逾期不改正且存在以下情形的，处三十万元以上五十万元以下罚款：

（一）外国投资者或者外商投资企业故意逃避履行信息报告义务，或在进行信息报告时隐瞒真实情况、提供误导性或虚假信息；

（二）外国投资者或者外商投资企业就所属行业、是否涉及外商投资准入特别管理措施、企业投资者及其实际控制人等重要信息报送错误；

（三）外国投资者或者外商投资企业未按照本办法要求报送投资信息，并因此受到行政处罚的，两年内再次违反本办法有关要求；

（四）商务主管部门认定的其他严重情形。

**第二十六条**　商务主管部门在监督检查中掌握的外国投资者、外商投资企业未依法履行信息报告义务的有关情况，应当记入外商投资信息报告系统，并按照国家关于信用体系建设的有关规定完善信用监管。

外国投资者、外商投资企业因违反信息报告义务受到商务主管部门行政处罚的，商务主管部门可将相关情况在外商投资信息报告系统公示平台上予以公示，并按照国家有关规定纳入信用信息系统。

商务主管部门可与市场监管、外汇、海关、税务等有关部门共享外国投资者、外商投资企业履行信息报告义务以及受到相应行政处罚的有关情况。

**第二十七条**　外国投资者或者外商投资企业认为外商投资信息报告系统公示平台上有关信息记录不完整或者有错误的，可提供相关证明材料并向商务主管部门申请修正。经核查属实的，予以修正。

外国投资者或者外商投资企业改正违法行为、履行相关义务后1年内未再发生违反信息报告义务行为的，可向商务主管部门申请移除外商投资信息报告系统公示平台上有关信息记录。经核查属实的，予以移除。

# 第六章　附　　则

**第二十八条**　外商投资企业在中国境内投资（含多层次投资）设立企业的，在向市场监管部门办理登记备案、报送年报信息后，相关信息由市场监管部门推送至商务主管部门，上述企业无需另行报送。

**第二十九条**　外商投资举办的投资性公司、创业投资企业和以投资为主要业务的合伙企业在境内投资设立企业的，应当参照本办法第二章的规定报送投资信息。

**第三十条**　非企业形式的外商投资，应由外国投资者参照本办法第二章的规定报送投资信息，但通过部门信息共享可以获得相关信息的除外。

**第三十一条**　法律、行政法规规定企业设立、变更、注销登记前须行业主管部门许可的，外国投资者或者外商投资企业应当在申请登记注册时向市场监管部门提交有关批准文件。

**第三十二条**　外国投资者在中国境内投资银行业、证券业、保险业等金融行业，适用本办法。

**第三十三条**　香港特别行政区、澳门特别行政区、台湾地区投资者以及定居在国外的中国公民的投资，参照本办法报送投资信息。

**第三十四条**　本办法由商务部、市场监管总局负责解释。

**第三十五条**　本办法自 2020 年 1 月 1 日起实施。《外商投资企业设立及变更备案管理暂行办法》同时废止。

# 外商投资期货公司管理办法

（2018 年 8 月 24 日中国证券监督管理委员会令第 149 号公布　自公布之日起施行）

**第一条**　为适应期货市场对外开放需要，加强和完善对外商投资期货公司的监督管理，根据《中华人民共和国公司法》、《期货交易管理条例》有关规定，制定本办法。

**第二条**　本办法所称外商投资期货公司是指单一或有关联关系的多个境外股东直接持有或间接控制公司 5% 以上股权的期货公司。

**第三条**　中国证券监督管理委员会（以下简称中国证监会）及其派出机构依法对外商投资期货公司实施监督管理。

**第四条**　外商投资期货公司的名称、组织形式、注册资本、组织机构的设立及职责等，应当符合《中华人民共和国公司法》、《期货交易管理条例》、《期货公司监督管理办法》等法律、行政法规和中国证监会的有关规定。

**第五条**　直接持有期货公司 5% 以上股权的境外股东，除应当符合《期货公司监督管理办法》第七条和第九条规定的条件外，还应当具备下列条件：

（一）持续经营 5 年以上，近 3 年未受到所在国家或者地区监管机构或者行政、司法机关的重大处罚；

（二）管理层具有良好的专业素质和管理能力；

（三）具有健全的内部控制制度和风险管理体系；

（四）具有良好的国际声誉和经营业绩，近 3 年业务规模、收入、利润居于国际前列，近 3 年长期信用均保持在高水平；

（五）中国证监会规定的其他审慎性条件。

有关联关系的多个境外股东合计持有期货公司 5% 以上股权的，每个境外股东均应具备上款所列条件。

第六条　除通过中国境内证券公司间接持有期货公司股权及中国证监会规定的其他情形外，境外投资者通过投资关系、协议或其他安排，实际控制期货公司 5% 以上股权的，应当转为直接持股。

单独或与关联方、一致行动人共同实际控制期货公司 5% 以上股权的境外投资者，应当具备本办法第五条规定的条件。

第七条　境外股东应当以自由兑换货币出资。境外股东累计持有的（包括直接持有和间接控制）外商投资期货公司股权比例，应当符合国家关于期货业对外开放的安排。

第八条　外商投资期货公司的董事、监事和高级管理人员应当具备中国证监会规定的任职条件。

外商投资期货公司的高级管理人员须在中国境内实地履职。

第九条　境外机构设立外商投资期货公司，应当在公司登记机关登记注册，并向中国证监会提出申请。除应当向中国证监会提交《期货公司监督管理办法》规定的申请文件外，还应当提交下列文件：

（一）申请前 3 年该境外机构经审计的财务报表；

（二）该境外机构所在国家或者地区相关监管机构或者中国证监会认可的机构出具的关于该境外机构是否具备本办法第五条第一款第一项及《期货公司监督管理办法》第七条第五项、第九条第一款第二项规定条件的说明函；

（三）该境外机构是否具备本办法第五条第一款第二项、第三项规定条件的说明材料；

（四）该境外机构是否具备本办法第五条第一款第四项规定条件的证明文件；

（五）由中国境内律师事务所出具的法律意见书；

（六）中国证监会规定的其他申请文件。

境外股东变更股权属《期货公司监督管理办法》第十七条规定情形的，应当向中国证监会提出申请，申请文件适用前款规定。

**第十条** 获得中国证监会批准设立的外商投资期货公司，应当按国家外汇管理部门的规定办理相关业务登记手续，足额缴付出资或者提供约定的合作条件。

**第十一条** 外商投资期货公司申请颁发或换发《经营证券期货业务许可证》，应当向中国证监会提交下列文件：

（一）营业执照副本复印件；

（二）公司章程；

（三）由中国境内具有期货相关业务资格的会计师事务所出具的验资报告；

（四）董事、监事、高级管理人员和主要业务人员的名单，符合任职条件证明文件及期货从业资格证明文件；

（五）高级管理人员在中国境内实地履职的说明文件；

（六）内部控制制度和风险管理制度文本；

（七）营业场所和业务设施情况说明书；

（八）中国证监会要求的其他文件。

申请换发《经营证券期货业务许可证》的，还应当提交公司原有《经营证券期货业务许可证》。

未取得中国证监会颁发的《经营证券期货业务许可证》，外商投资期货公司不得经营期货业务。

**第十二条** 外商投资期货公司合并或者分立后设立的外商投资期货公司，其股权变动应当符合本办法的规定。

**第十三条** 境外投资者依法通过证券交易所的证券交易持有或者通过协议、其他安排与他人共同持有上市期货公司股份达到5%以上的，应当具备本办法第五条规定的条件，并遵守法律、行政法规和中国证监会关于上市公司收购、期货公司变更审批的有关规定。

**第十四条** 外商投资期货公司及其境外股东向中国证监会提交

的申请文件，以及向中国证监会及其派出机构报送的文件、资料，必须使用中文。境外股东及其所在国家或者地区相关监管机构或者中国证监会认可的机构出具的文件、资料，以及外商投资期货公司股东会、董事会、监事会、总经理办公会相关文件、资料使用外文的，应当附有与原文内容一致的中文译本。

申请人提交的文件及报送的材料，不能充分说明申请人状况的，中国证监会可以要求申请人作出补充说明。

**第十五条** 外商投资期货公司交易、结算、风险控制等信息系统的核心服务器以及记录、存储客户信息的数据设备，应当设置在中国境内。

在符合法律、行政法规和中国证监会有关规定的前提下，外商投资期货公司可以利用境外股东的资源和技术，提升信息系统的效率和安全水平。

**第十六条** 外商投资期货公司及其股东、董事、监事、高级管理人员违反本办法规定的，中国证监会及其派出机构可以依照《期货交易管理条例》、《期货公司监督管理办法》、《期货公司董事、监事和高级管理人员任职资格管理办法》等相关规定采取行政监管措施或予以处罚。

**第十七条** 香港特别行政区、澳门特别行政区和台湾地区的投资者投资期货公司的，参照适用本办法。国家另有规定的，从其规定。

**第十八条** 外商投资期货公司的设立、变更、终止、业务活动及监督管理事项，本办法未作规定的，适用中国证监会的其他有关规定。

**第十九条** 本办法自公布之日起施行。

# 中华人民共和国外资银行管理条例

（2006 年 11 月 11 日中华人民共和国国务院令第 478 号公布 根据 2014 年 7 月 29 日《国务院关于修改部分行政法规的决定》第一次修订 根据 2014 年 11 月 27 日《国务院关于修改〈中华人民共和国外资银行管理条例〉的决定》第二次修订 根据 2019 年 9 月 30 日《国务院关于修改〈中华人民共和国外资保险公司管理条例〉和〈中华人民共和国外资银行管理条例〉的决定》第三次修订）

## 第一章 总 则

**第一条** 为了适应对外开放和经济发展的需要，加强和完善对外资银行的监督管理，促进银行业的稳健运行，制定本条例。

**第二条** 本条例所称外资银行，是指依照中华人民共和国有关法律、法规，经批准在中华人民共和国境内设立的下列机构：

（一）1 家外国银行单独出资或者 1 家外国银行与其他外国金融机构共同出资设立的外商独资银行；

（二）外国金融机构与中国的公司、企业共同出资设立的中外合资银行；

（三）外国银行分行；

（四）外国银行代表处。

前款第一项至第三项所列机构，以下统称外资银行营业性机构。

**第三条** 本条例所称外国金融机构，是指在中华人民共和国境外注册并经所在国家或者地区金融监管当局批准或者许可的金融机构。

本条例所称外国银行，是指在中华人民共和国境外注册并经所在国家或者地区金融监管当局批准或者许可的商业银行。

**第四条** 外资银行必须遵守中华人民共和国法律、法规，不得损害中华人民共和国的国家利益、社会公共利益。

外资银行的正当活动和合法权益受中华人民共和国法律保护。

**第五条** 国务院银行业监督管理机构及其派出机构（以下统称银行业监督管理机构）负责对外资银行及其活动实施监督管理。法律、行政法规规定其他监督管理部门或者机构对外资银行及其活动实施监督管理的，依照其规定。

**第六条** 国务院银行业监督管理机构根据国家区域经济发展战略及相关政策制定有关鼓励和引导的措施，报国务院批准后实施。

## 第二章　设立与登记

**第七条** 设立外资银行及其分支机构，应当经银行业监督管理机构审查批准。

**第八条** 外商独资银行、中外合资银行的注册资本最低限额为10亿元人民币或者等值的自由兑换货币。注册资本应当是实缴资本。

外商独资银行、中外合资银行在中华人民共和国境内设立的分行，应当由其总行无偿拨给人民币或者自由兑换货币的营运资金。外商独资银行、中外合资银行拨给各分支机构营运资金的总和，不得超过总行资本金总额的60%。

外国银行分行应当由其总行无偿拨给不少于2亿元人民币或者等值的自由兑换货币的营运资金。

国务院银行业监督管理机构根据外资银行营业性机构的业务范围和审慎监管的需要，可以提高注册资本或者营运资金的最低限额，并规定其中的人民币份额。

**第九条** 拟设外商独资银行、中外合资银行的股东或者拟设分行、代表处的外国银行应当具备下列条件：

（一）具有持续盈利能力，信誉良好，无重大违法违规记录；

（二）拟设外商独资银行的股东、中外合资银行的外方股东或者拟设分行、代表处的外国银行具有从事国际金融活动的经验；

（三）具有有效的反洗钱制度；

（四）拟设外商独资银行的股东、中外合资银行的外方股东或者拟设分行、代表处的外国银行受到所在国家或者地区金融监管当局的有效监管，并且其申请经所在国家或者地区金融监管当局同意；

（五）国务院银行业监督管理机构规定的其他审慎性条件。

拟设外商独资银行的股东、中外合资银行的外方股东或者拟设分行、代表处的外国银行所在国家或者地区应当具有完善的金融监督管理制度，并且其金融监管当局已经与国务院银行业监督管理机构建立良好的监督管理合作机制。

**第十条** 拟设外商独资银行的股东应当为金融机构，除应当具备本条例第九条规定的条件外，其中唯一或者控股股东还应当具备下列条件：

（一）为商业银行；

（二）资本充足率符合所在国家或者地区金融监管当局以及国务院银行业监督管理机构的规定。

**第十一条** 拟设中外合资银行的股东除应当具备本条例第九条规定的条件外，其中外方股东应当为金融机构，且外方唯一或者主要股东还应当具备下列条件：

（一）为商业银行；

（二）资本充足率符合所在国家或者地区金融监管当局以及国务院银行业监督管理机构的规定。

**第十二条** 拟设分行的外国银行除应当具备本条例第九条规定的条件外，其资本充足率还应当符合所在国家或者地区金融监管当局以及国务院银行业监督管理机构的规定。

**第十三条** 外国银行在中华人民共和国境内设立营业性机构的，除已设立的代表处外，不得增设代表处，但符合国家区域经济发展战略及相关政策的地区除外。

代表处经批准改制为营业性机构的，应当依法办理原代表处的注销登记手续。

**第十四条** 设立外资银行营业性机构，应当先申请筹建，并将下列申请资料报送拟设机构所在地的银行业监督管理机构：

（一）申请书，内容包括拟设机构的名称、所在地、注册资本或者营运资金、申请经营的业务种类等；

（二）可行性研究报告；

（三）拟设外商独资银行、中外合资银行的章程草案；

（四）拟设外商独资银行、中外合资银行各方股东签署的经营合同；

（五）拟设外商独资银行、中外合资银行的股东或者拟设分行的外国银行的章程；

（六）拟设外商独资银行、中外合资银行的股东或者拟设分行的外国银行及其所在集团的组织结构图、主要股东名单、海外分支机构和关联企业名单；

（七）拟设外商独资银行、中外合资银行的股东或者拟设分行的外国银行最近 3 年的年报；

（八）拟设外商独资银行、中外合资银行的股东或者拟设分行的外国银行的反洗钱制度；

（九）拟设外商独资银行的股东、中外合资银行的外方股东或者拟设分行的外国银行所在国家或者地区金融监管当局核发的营业执照或者经营金融业务许可文件的复印件及对其申请的意见书；

（十）国务院银行业监督管理机构规定的其他资料。

拟设机构所在地的银行业监督管理机构应当将申请资料连同审核意见，及时报送国务院银行业监督管理机构。

**第十五条** 国务院银行业监督管理机构应当自收到设立外资银行营业性机构完整的申请资料之日起 6 个月内作出批准或者不批准筹建的决定，并书面通知申请人。决定不批准的，应当说明理由。

特殊情况下，国务院银行业监督管理机构不能在前款规定期限内完成审查并作出批准或者不批准筹建决定的，可以适当延长审查期限，并书面通知申请人，但延长期限不得超过3个月。

申请人凭批准筹建文件到拟设机构所在地的银行业监督管理机构领取开业申请表。

**第十六条** 申请人应当自获准筹建之日起6个月内完成筹建工作。在规定期限内未完成筹建工作的，应当说明理由，经拟设机构所在地的银行业监督管理机构批准，可以延长3个月。在延长期内仍未完成筹建工作的，国务院银行业监督管理机构作出的批准筹建决定自动失效。

**第十七条** 经验收合格完成筹建工作的，申请人应当将填写好的开业申请表连同下列资料报送拟设机构所在地的银行业监督管理机构：

（一）拟设机构的主要负责人名单及简历；

（二）对拟任该机构主要负责人的授权书；

（三）法定验资机构出具的验资证明；

（四）安全防范措施和与业务有关的其他设施的资料；

（五）设立分行的外国银行对该分行承担税务、债务的责任保证书；

（六）国务院银行业监督管理机构规定的其他资料。

拟设机构所在地的银行业监督管理机构应当将申请资料连同审核意见，及时报送国务院银行业监督管理机构。

**第十八条** 国务院银行业监督管理机构应当自收到完整的开业申请资料之日起2个月内，作出批准或者不批准开业的决定，并书面通知申请人。决定批准的，应当颁发金融许可证；决定不批准的，应当说明理由。

**第十九条** 经批准设立的外资银行营业性机构，应当凭金融许可证向市场监督管理部门办理登记，领取营业执照。

**第二十条** 设立外国银行代表处，应当将下列申请资料报送拟设代表处所在地的银行业监督管理机构：

（一）申请书，内容包括拟设代表处的名称、所在地等；

（二）可行性研究报告；

（三）申请人的章程；

（四）申请人及其所在集团的组织结构图、主要股东名单、海外分支机构和关联企业名单；

（五）申请人最近3年的年报；

（六）申请人的反洗钱制度；

（七）拟任该代表处首席代表的身份证明和学历证明的复印件、简历以及拟任人有无不良记录的陈述书；

（八）对拟任该代表处首席代表的授权书；

（九）申请人所在国家或者地区金融监管当局核发的营业执照或者经营金融业务许可文件的复印件及对其申请的意见书；

（十）国务院银行业监督管理机构规定的其他资料。

拟设代表处所在地的银行业监督管理机构应当将申请资料连同审核意见，及时报送国务院银行业监督管理机构。

第二十一条　国务院银行业监督管理机构应当自收到设立外国银行代表处完整的申请资料之日起6个月内作出批准或者不批准设立的决定，并书面通知申请人。决定不批准的，应当说明理由。

第二十二条　经批准设立的外国银行代表处，应当凭批准文件向市场监督管理部门办理登记，领取外国企业常驻代表机构登记证。

第二十三条　本条例第十四条、第十七条、第二十条所列资料，除年报外，凡用外文书写的，应当附有中文译本。

第二十四条　按照合法性、审慎性和持续经营原则，经国务院银行业监督管理机构批准，外国银行可以将其在中华人民共和国境内设立的分行改制为由其单独出资的外商独资银行。申请人应当按照国务院银行业监督管理机构规定的审批条件、程序、申请资料提出设立外商独资银行的申请。

第二十五条　外国银行可以在中华人民共和国境内同时设立外

商独资银行和外国银行分行，或者同时设立中外合资银行和外国银行分行。

第二十六条　外资银行董事、高级管理人员、首席代表的任职资格应当符合国务院银行业监督管理机构规定的条件，并经国务院银行业监督管理机构核准。

第二十七条　外资银行有下列情形之一的，应当经国务院银行业监督管理机构批准，并按照规定提交申请资料，依法向市场监督管理部门办理有关登记：

（一）变更注册资本或者营运资金；

（二）变更机构名称、营业场所或者办公场所；

（三）调整业务范围；

（四）变更股东或者调整股东持股比例；

（五）修改章程；

（六）国务院银行业监督管理机构规定的其他情形。

外资银行更换董事、高级管理人员、首席代表，应当报经国务院银行业监督管理机构核准其任职资格。

第二十八条　外商独资银行、中外合资银行变更股东的，变更后的股东应当符合本条例第九条、第十条或者第十一条关于股东的条件。

## 第三章　业务范围

第二十九条　外商独资银行、中外合资银行按照国务院银行业监督管理机构批准的业务范围，可以经营下列部分或者全部外汇业务和人民币业务：

（一）吸收公众存款；

（二）发放短期、中期和长期贷款；

（三）办理票据承兑与贴现；

（四）代理发行、代理兑付、承销政府债券；

（五）买卖政府债券、金融债券，买卖股票以外的其他外币有价证券；

（六）提供信用证服务及担保；

（七）办理国内外结算；

（八）买卖、代理买卖外汇；

（九）代理收付款项及代理保险业务；

（十）从事同业拆借；

（十一）从事银行卡业务；

（十二）提供保管箱服务；

（十三）提供资信调查和咨询服务；

（十四）经国务院银行业监督管理机构批准的其他业务。

外商独资银行、中外合资银行经中国人民银行批准，可以经营结汇、售汇业务。

**第三十条** 外商独资银行、中外合资银行的分支机构在总行授权范围内开展业务，其民事责任由总行承担。

**第三十一条** 外国银行分行按照国务院银行业监督管理机构批准的业务范围，可以经营下列部分或者全部外汇业务以及对除中国境内公民以外客户的人民币业务：

（一）吸收公众存款；

（二）发放短期、中期和长期贷款；

（三）办理票据承兑与贴现；

（四）代理发行、代理兑付、承销政府债券；

（五）买卖政府债券、金融债券，买卖股票以外的其他外币有价证券；

（六）提供信用证服务及担保；

（七）办理国内外结算；

（八）买卖、代理买卖外汇；

（九）代理收付款项及代理保险业务；

（十）从事同业拆借；

（十一）提供保管箱服务；

（十二）提供资信调查和咨询服务；

（十三）经国务院银行业监督管理机构批准的其他业务。

外国银行分行可以吸收中国境内公民每笔不少于 50 万元人民币的定期存款。

外国银行分行经中国人民银行批准，可以经营结汇、售汇业务。

**第三十二条** 外国银行分行及其分支机构的民事责任由其总行承担。

**第三十三条** 外国银行代表处可以从事与其代表的外国银行业务相关的联络、市场调查、咨询等非经营性活动。

外国银行代表处的行为所产生的民事责任，由其所代表的外国银行承担。

**第三十四条** 外资银行营业性机构经营本条例第二十九条或者第三十一条规定业务范围内的人民币业务的，应当符合国务院银行业监督管理机构规定的审慎性要求。

# 第四章　监　督　管　理

**第三十五条** 外资银行营业性机构应当按照有关规定，制定本行的业务规则，建立、健全风险管理和内部控制制度，并遵照执行。

**第三十六条** 外资银行营业性机构应当遵守国家统一的会计制度和国务院银行业监督管理机构有关信息披露的规定。

**第三十七条** 外资银行营业性机构举借外债，应当按照国家有关规定执行。

**第三十八条** 外资银行营业性机构应当按照有关规定确定存款、贷款利率及各种手续费率。

**第三十九条** 外资银行营业性机构经营存款业务，应当按照中国人民银行的规定交存存款准备金。

第四十条　外商独资银行、中外合资银行应当遵守《中华人民共和国商业银行法》关于资产负债比例管理的规定。外国银行分行变更的由其总行单独出资的外商独资银行以及本条例施行前设立的外商独资银行、中外合资银行，其资产负债比例不符合规定的，应当在国务院银行业监督管理机构规定的期限内达到规定要求。

国务院银行业监督管理机构可以要求风险较高、风险管理能力较弱的外商独资银行、中外合资银行提高资本充足率。

第四十一条　外资银行营业性机构应当按照规定计提呆账准备金。

第四十二条　外商独资银行、中外合资银行应当遵守国务院银行业监督管理机构有关公司治理的规定。

第四十三条　外商独资银行、中外合资银行应当遵守国务院银行业监督管理机构有关关联交易的规定。

第四十四条　外国银行分行应当按照国务院银行业监督管理机构的规定，持有一定比例的生息资产。

第四十五条　外国银行分行营运资金加准备金等项之和中的人民币份额与其人民币风险资产的比例不得低于8%。

资本充足率持续符合所在国家或者地区金融监管当局以及国务院银行业监督管理机构规定的外国银行，其分行不受前款规定的限制。

国务院银行业监督管理机构可以要求风险较高、风险管理能力较弱的外国银行分行提高本条第一款规定的比例。

第四十六条　外国银行分行应当确保其资产的流动性。流动性资产余额与流动性负债余额的比例不得低于25%。

第四十七条　外国银行分行境内本外币资产余额不得低于境内本外币负债余额。

第四十八条　在中华人民共和国境内设立2家及2家以上分行的外国银行，应当授权其中1家分行对其他分行实施统一管理。

国务院银行业监督管理机构对外国银行在中华人民共和国境内设立的分行实行合并监管。

**第四十九条** 外资银行营业性机构应当按照国务院银行业监督管理机构的有关规定，向其所在地的银行业监督管理机构报告跨境大额资金流动和资产转移情况。

**第五十条** 国务院银行业监督管理机构根据外资银行营业性机构的风险状况，可以依法采取责令暂停部分业务、责令撤换高级管理人员等特别监管措施。

**第五十一条** 外资银行营业性机构应当聘请在中华人民共和国境内依法设立的会计师事务所对其财务会计报告进行审计，并应当向其所在地的银行业监督管理机构报告。解聘会计师事务所的，应当说明理由。

**第五十二条** 外资银行营业性机构应当按照规定向银行业监督管理机构报送财务会计报告、报表和有关资料。

外国银行代表处应当按照规定向银行业监督管理机构报送资料。

**第五十三条** 外资银行应当接受银行业监督管理机构依法进行的监督检查，不得拒绝、阻碍。

**第五十四条** 外商独资银行、中外合资银行应当设置独立的内部控制系统、风险管理系统、财务会计系统、计算机信息管理系统。

**第五十五条** 外国银行在中华人民共和国境内设立的外商独资银行、中外合资银行的董事长、高级管理人员和外国银行分行的高级管理人员不得相互兼职。

**第五十六条** 外国银行在中华人民共和国境内设立的外商独资银行、中外合资银行与外国银行分行之间进行的交易必须符合商业原则，交易条件不得优于与非关联方进行交易的条件。外国银行对其在中华人民共和国境内设立的外商独资银行与外国银行分行之间的资金交易，应当提供全额担保。

**第五十七条** 外国银行代表处及其工作人员，不得从事任何形式的经营性活动。

# 第五章　终止与清算

**第五十八条**　外资银行营业性机构自行终止业务活动的,应当在终止业务活动 30 日前以书面形式向国务院银行业监督管理机构提出申请,经审查批准予以解散或者关闭并进行清算。

**第五十九条**　外资银行营业性机构已经或者可能发生信用危机,严重影响存款人和其他客户合法权益的,国务院银行业监督管理机构可以依法对该外资银行营业性机构实行接管或者促成机构重组。

**第六十条**　外资银行营业性机构因解散、关闭、依法被撤销或者宣告破产而终止的,其清算的具体事宜,依照中华人民共和国有关法律、法规的规定办理。

**第六十一条**　外资银行营业性机构清算终结,应当在法定期限内向原登记机关办理注销登记。

**第六十二条**　外国银行代表处自行终止活动的,应当经国务院银行业监督管理机构批准予以关闭,并在法定期限内向原登记机关办理注销登记。

# 第六章　法律责任

**第六十三条**　未经国务院银行业监督管理机构审查批准,擅自设立外资银行或者非法从事银行业金融机构的业务活动的,由国务院银行业监督管理机构予以取缔,自被取缔之日起 5 年内,国务院银行业监督管理机构不受理该当事人设立外资银行的申请;构成犯罪的,依法追究刑事责任;尚不构成犯罪的,由国务院银行业监督管理机构没收违法所得,违法所得 50 万元以上的,并处违法所得 1 倍以上 5 倍以下罚款;没有违法所得或者违法所得不足 50 万元的,处 50 万元以上 200 万元以下罚款。

第六十四条 外资银行营业性机构有下列情形之一的，由国务院银行业监督管理机构责令改正，没收违法所得，违法所得50万元以上的，并处违法所得1倍以上5倍以下罚款；没有违法所得或者违法所得不足50万元的，处50万元以上200万元以下罚款；情节特别严重或者逾期不改正的，可以责令停业整顿或者吊销其金融许可证；构成犯罪的，依法追究刑事责任：

（一）未经批准设立分支机构的；

（二）未经批准变更、终止的；

（三）违反规定从事未经批准的业务活动的；

（四）违反规定提高或者降低存款利率、贷款利率的。

第六十五条 外资银行有下列情形之一的，由国务院银行业监督管理机构责令改正，处20万元以上50万元以下罚款；情节特别严重或者逾期不改正的，可以责令停业整顿、吊销其金融许可证、撤销代表处；构成犯罪的，依法追究刑事责任：

（一）未按照有关规定进行信息披露的；

（二）拒绝或者阻碍银行业监督管理机构依法进行的监督检查的；

（三）提供虚假的或者隐瞒重要事实的财务会计报告、报表或者有关资料的；

（四）隐匿、损毁监督检查所需的文件、证件、账簿、电子数据或者其他资料的；

（五）未经任职资格核准任命董事、高级管理人员、首席代表的；

（六）拒绝执行本条例第五十条规定的特别监管措施的。

第六十六条 外资银行营业性机构违反本条例有关规定，未按期报送财务会计报告、报表或者有关资料，或者未按照规定制定有关业务规则、建立健全有关管理制度的，由国务院银行业监督管理机构责令限期改正；逾期不改正的，处10万元以上30万元以下罚款。

146

第六十七条　外资银行营业性机构违反本条例第四章有关规定从事经营或者严重违反其他审慎经营规则的，由国务院银行业监督管理机构责令改正，处20万元以上50万元以下罚款；情节特别严重或者逾期不改正的，可以责令停业整顿或者吊销其金融许可证。

第六十八条　外资银行营业性机构违反本条例规定，国务院银行业监督管理机构除依照本条例第六十三条至第六十七条规定处罚外，还可以区别不同情形，采取下列措施：

（一）责令外资银行营业性机构撤换直接负责的董事、高级管理人员和其他直接责任人员；

（二）外资银行营业性机构的行为尚不构成犯罪的，对直接负责的董事、高级管理人员和其他直接责任人员给予警告，并处5万元以上50万元以下罚款；

（三）取消直接负责的董事、高级管理人员一定期限直至终身在中华人民共和国境内的任职资格，禁止直接负责的董事、高级管理人员和其他直接责任人员一定期限直至终身在中华人民共和国境内从事银行业工作。

第六十九条　外国银行代表处违反本条例规定，从事经营性活动的，由国务院银行业监督管理机构责令改正，给予警告，没收违法所得，违法所得50万元以上的，并处违法所得1倍以上5倍以下罚款；没有违法所得或者违法所得不足50万元的，处50万元以上200万元以下罚款；情节严重的，由国务院银行业监督管理机构予以撤销；构成犯罪的，依法追究刑事责任。

第七十条　外国银行代表处有下列情形之一的，由国务院银行业监督管理机构责令改正，给予警告，并处10万元以上30万元以下罚款；情节严重的，取消首席代表一定期限在中华人民共和国境内的任职资格或者要求其代表的外国银行撤换首席代表；情节特别严重的，由国务院银行业监督管理机构予以撤销：

（一）未经批准变更办公场所的；

（二）未按照规定向国务院银行业监督管理机构报送资料的；

（三）违反本条例或者国务院银行业监督管理机构的其他规定的。

**第七十一条**　外资银行违反中华人民共和国其他法律、法规的，由有关主管机关依法处理。

## 第七章　附　　则

**第七十二条**　香港特别行政区、澳门特别行政区和台湾地区的金融机构在内地（大陆）设立的银行机构，比照适用本条例。国务院另有规定的，依照其规定。

**第七十三条**　本条例自 2006 年 12 月 11 日起施行。2001 年 12 月 20 日国务院公布的《中华人民共和国外资金融机构管理条例》同时废止。

# 中华人民共和国外资保险公司管理条例

（2001 年 12 月 12 日中华人民共和国国务院令第 336 号公布　根据 2013 年 5 月 30 日《国务院关于修改〈中华人民共和国外资保险公司管理条例〉的决定》第一次修订　根据 2016 年 2 月 6 日《国务院关于修改部分行政法规的决定》第二次修订　根据 2019 年 9 月 30 日《国务院关于修改〈中华人民共和国外资保险公司管理条例〉和〈中华人民共和国外资银行管理条例〉的决定》第三次修订）

## 第一章　总　　则

**第一条**　为了适应对外开放和经济发展的需要，加强和完善对外资保险公司的监督管理，促进保险业的健康发展，制定本条例。

**第二条**　本条例所称外资保险公司，是指依照中华人民共和国有关法律、行政法规的规定，经批准在中国境内设立和营业的下列保险公司：

（一）外国保险公司同中国的公司、企业在中国境内合资经营的保险公司（以下简称合资保险公司）；

（二）外国保险公司在中国境内投资经营的外国资本保险公司（以下简称独资保险公司）；

（三）外国保险公司在中国境内的分公司（以下简称外国保险公司分公司）。

**第三条**　外资保险公司必须遵守中国法律、法规，不得损害中国的社会公共利益。

外资保险公司的正当业务活动和合法权益受中国法律保护。

**第四条**　国务院保险监督管理机构负责对外资保险公司实施监督管理。国务院保险监督管理机构的派出机构根据国务院保险监督管理机构的授权，对本辖区的外资保险公司进行日常监督管理。

# 第二章　设立与登记

**第五条**　设立外资保险公司，应当经国务院保险监督管理机构批准。

设立外资保险公司的地区，由国务院保险监督管理机构按照有关规定确定。

**第六条**　设立经营人身保险业务的外资保险公司和经营财产保险业务的外资保险公司，其设立形式、外资比例由国务院保险监督管理机构按照有关规定确定。

**第七条**　合资保险公司、独资保险公司的注册资本最低限额为2亿元人民币或者等值的自由兑换货币；其注册资本最低限额必须为实缴货币资本。

外国保险公司分公司应当由其总公司无偿拨给不少于2亿元人

民币或者等值的自由兑换货币的营运资金。

国务院保险监督管理机构根据外资保险公司业务范围、经营规模，可以提高前两款规定的外资保险公司注册资本或者营运资金的最低限额。

**第八条** 申请设立外资保险公司的外国保险公司，应当具备下列条件：

（一）提出设立申请前1年年末总资产不少于50亿美元；

（二）所在国家或者地区有完善的保险监管制度，并且该外国保险公司已经受到所在国家或者地区有关主管当局的有效监管；

（三）符合所在国家或者地区偿付能力标准；

（四）所在国家或者地区有关主管当局同意其申请；

（五）国务院保险监督管理机构规定的其他审慎性条件。

**第九条** 设立外资保险公司，申请人应当向国务院保险监督管理机构提出书面申请，并提交下列资料：

（一）申请人法定代表人签署的申请书，其中设立合资保险公司的，申请书由合资各方法定代表人共同签署；

（二）外国申请人所在国家或者地区有关主管当局核发的营业执照（副本）、对其符合偿付能力标准的证明及对其申请的意见书；

（三）外国申请人的公司章程、最近3年的年报；

（四）设立合资保险公司的，中国申请人的有关资料；

（五）拟设公司的可行性研究报告及筹建方案；

（六）拟设公司的筹建负责人员名单、简历和任职资格证明；

（七）国务院保险监督管理机构规定提供的其他资料。

**第十条** 国务院保险监督管理机构应当对设立外资保险公司的申请进行初步审查，自收到完整的申请文件之日起6个月内作出受理或者不受理的决定。决定受理的，发给正式申请表；决定不受理的，应当书面通知申请人并说明理由。

**第十一条** 申请人应当自接到正式申请表之日起1年内完成筹建工作；在规定的期限内未完成筹建工作，有正当理由的，经国务院保险监督管理机构批准，可以延长 3 个月。在延长期内仍未完成筹建工作的，国务院保险监督管理机构作出的受理决定自动失效。筹建工作完成后，申请人应当将填写好的申请表连同下列文件报国务院保险监督管理机构审批：

（一）筹建报告；

（二）拟设公司的章程；

（三）拟设公司的出资人及其出资额；

（四）法定验资机构出具的验资证明；

（五）对拟任该公司主要负责人的授权书；

（六）拟设公司的高级管理人员名单、简历和任职资格证明；

（七）拟设公司未来 3 年的经营规划和分保方案；

（八）拟在中国境内开办保险险种的保险条款、保险费率及责任准备金的计算说明书；

（九）拟设公司的营业场所和与业务有关的其他设施的资料；

（十）设立外国保险公司分公司的，其总公司对该分公司承担税务、债务的责任担保书；

（十一）设立合资保险公司的，其合资经营合同；

（十二）国务院保险监督管理机构规定提供的其他文件。

**第十二条** 国务院保险监督管理机构应当自收到设立外资保险公司完整的正式申请文件之日起 60 日内，作出批准或者不批准的决定。决定批准的，颁发经营保险业务许可证；决定不批准的，应当书面通知申请人并说明理由。

经批准设立外资保险公司的，申请人凭经营保险业务许可证向市场监督管理部门办理登记，领取营业执照。

**第十三条** 外资保险公司成立后，应当按照其注册资本或者营运资金总额的 20%提取保证金，存入国务院保险监督管理机构指定的银行；保证金除外资保险公司清算时用于清偿债务外，不得动用。

**第十四条** 外资保险公司在中国境内设立分支机构，由国务院保险监督管理机构按照有关规定审核批准。

## 第三章  业务范围

**第十五条**  外资保险公司按照国务院保险监督管理机构核定的业务范围，可以全部或者部分依法经营下列种类的保险业务：

（一）财产保险业务，包括财产损失保险、责任保险、信用保险等保险业务；

（二）人身保险业务，包括人寿保险、健康保险、意外伤害保险等保险业务。

外资保险公司经国务院保险监督管理机构按照有关规定核定，可以在核定的范围内经营大型商业风险保险业务、统括保单保险业务。

**第十六条**  同一外资保险公司不得同时兼营财产保险业务和人身保险业务。

**第十七条**  外资保险公司可以依法经营本条例第十五条规定的保险业务的下列再保险业务：

（一）分出保险；

（二）分入保险。

**第十八条**  外资保险公司的具体业务范围、业务地域范围和服务对象范围，由国务院保险监督管理机构按照有关规定核定。外资保险公司只能在核定的范围内从事保险业务活动。

## 第四章  监督管理

**第十九条**  国务院保险监督管理机构有权检查外资保险公司的业务状况、财务状况及资金运用状况，有权要求外资保险公司在规定的期限内提供有关文件、资料和书面报告，有权对违法违规行为依法进行处罚、处理。

外资保险公司应当接受国务院保险监督管理机构依法进行的监

督检查，如实提供有关文件、资料和书面报告，不得拒绝、阻碍、隐瞒。

**第二十条** 除经国务院保险监督管理机构批准外，外资保险公司不得与其关联企业进行资产买卖或者其他交易。

前款所称关联企业，是指与外资保险公司有下列关系之一的企业：

（一）在股份、出资方面存在控制关系；

（二）在股份、出资方面同为第三人所控制；

（三）在利益上具有其他相关联的关系。

**第二十一条** 外国保险公司分公司应当于每一会计年度终了后3个月内，将该分公司及其总公司上一年度的财务会计报告报送国务院保险监督管理机构，并予公布。

**第二十二条** 外国保险公司分公司的总公司有下列情形之一的，该分公司应当自各该情形发生之日起10日内，将有关情况向国务院保险监督管理机构提交书面报告：

（一）变更名称、主要负责人或者注册地；

（二）变更资本金；

（三）变更持有资本总额或者股份总额10%以上的股东；

（四）调整业务范围；

（五）受到所在国家或者地区有关主管当局处罚；

（六）发生重大亏损；

（七）分立、合并、解散、依法被撤销或者被宣告破产；

（八）国务院保险监督管理机构规定的其他情形。

**第二十三条** 外国保险公司分公司的总公司解散、依法被撤销或者被宣告破产的，国务院保险监督管理机构应当停止该分公司开展新业务。

**第二十四条** 外资保险公司经营外汇保险业务的，应当遵守国家有关外汇管理的规定。

除经国家外汇管理机关批准外，外资保险公司在中国境内经营保险业务的，应当以人民币计价结算。

第二十五条　本条例规定向国务院保险监督管理机构提交、报送文件、资料和书面报告的，应当提供中文本。

## 第五章　终止与清算

第二十六条　外资保险公司因分立、合并或者公司章程规定的解散事由出现，经国务院保险监督管理机构批准后解散。外资保险公司解散的，应当依法成立清算组，进行清算。

经营人寿保险业务的外资保险公司，除分立、合并外，不得解散。

第二十七条　外资保险公司违反法律、行政法规，被国务院保险监督管理机构吊销经营保险业务许可证的，依法撤销，由国务院保险监督管理机构依法及时组织成立清算组进行清算。

第二十八条　外资保险公司因解散、依法被撤销而清算的，应当自清算组成立之日起60日内在报纸上至少公告3次。公告内容应当经国务院保险监督管理机构核准。

第二十九条　外资保险公司不能支付到期债务，经国务院保险监督管理机构同意，由人民法院依法宣告破产。外资保险公司被宣告破产的，由人民法院组织国务院保险监督管理机构等有关部门和有关人员成立清算组，进行清算。

第三十条　外资保险公司解散、依法被撤销或者被宣告破产的，未清偿债务前，不得将其财产转移至中国境外。

## 第六章　法律责任

第三十一条　违反本条例规定，擅自设立外资保险公司或者非法从事保险业务活动的，由国务院保险监督管理机构予以取缔；依照刑法关于擅自设立金融机构罪、非法经营罪或者其他罪的规定，依法追究刑事责任；尚不够刑事处罚的，由国务院保险监督管理机构没收违法所得，并处违法所得 1 倍以上 5 倍以下的罚款，没有违法所得或者违法所得不足 20 万元的，处 20 万元以上 100 万元以下的罚款。

第三十二条　外资保险公司违反本条例规定，超出核定的业务范围、业务地域范围或者服务对象范围从事保险业务活动的，依照刑法关于非法经营罪或者其他罪的规定，依法追究刑事责任；尚不够刑事处罚的，由国务院保险监督管理机构责令改正，责令退还收取的保险费，没收违法所得，并处违法所得 1 倍以上 5 倍以下的罚款，没有违法所得或者违法所得不足 10 万元的，处 10 万元以上 50 万元以下的罚款；逾期不改正或者造成严重后果的，责令限期停业或者吊销经营保险业务许可证。

第三十三条　外资保险公司违反本条例规定，有下列行为之一的，由国务院保险监督管理机构责令改正，处 5 万元以上 30 万元以下的罚款；情节严重的，可以责令停止接受新业务或者吊销经营保险业务许可证：

（一）未按照规定提存保证金或者违反规定动用保证金的；

（二）违反规定与其关联企业从事交易活动的；

（三）未按照规定补足注册资本或者营运资金的。

第三十四条　外资保险公司违反本条例规定，有下列行为之一的，由国务院保险监督管理机构责令限期改正；逾期不改正的，处 1 万元以上 10 万元以下的罚款：

（一）未按照规定提交、报送有关文件、资料和书面报告的；

（二）未按照规定公告的。

第三十五条　外资保险公司违反本条例规定，有下列行为之一的，由国务院保险监督管理机构处 10 万元以上 50 万元以下的罚款：

（一）提供虚假的文件、资料和书面报告的；

（二）拒绝或者阻碍依法监督检查的。

第三十六条　外资保险公司违反本条例规定，将其财产转移至中国境外的，由国务院保险监督管理机构责令转回转移的财产，处转移财产金额 20%以上等值以下的罚款。

**第三十七条** 外资保险公司违反中国有关法律、行政法规和本条例规定的，国务院保险监督管理机构可以取消该外资保险公司高级管理人员一定期限直至终身在中国的任职资格。

## 第七章 附 则

**第三十八条** 对外资保险公司的管理，本条例未作规定的，适用《中华人民共和国保险法》和其他有关法律、行政法规和国家其他有关规定。

**第三十九条** 香港特别行政区、澳门特别行政区和台湾地区的保险公司在内地（大陆）设立和营业的保险公司，比照适用本条例。

**第四十条** 外国保险集团公司可以在中国境内设立外资保险公司，具体管理办法由国务院保险监督管理机构依照本条例的原则制定。

**第四十一条** 境外金融机构可以入股外资保险公司，具体管理办法由国务院保险监督管理机构制定。

**第四十二条** 本条例自 2002 年 2 月 1 日起施行。

# 中华人民共和国中外合作办学条例

（2003 年 3 月 1 日中华人民共和国国务院令第 372 号公布 根据 2013 年 7 月 18 日《国务院关于废止和修改部分行政法规的决定》第一次修订 根据 2019 年 3 月 2 日《国务院关于修改部分行政法规的决定》第二次修订）

## 第一章 总 则

**第一条** 为了规范中外合作办学活动，加强教育对外交流与合作，促进教育事业的发展，根据《中华人民共和国教育法》、《中华人民共和国职业教育法》和《中华人民共和国民办教育促进法》，制定本条例。

**第二条** 外国教育机构同中国教育机构（以下简称中外合作办学者）在中国境内合作举办以中国公民为主要招生对象的教育机构（以下简称中外合作办学机构）的活动，适用本条例。

**第三条** 中外合作办学属于公益性事业，是中国教育事业的组成部分。

国家对中外合作办学实行扩大开放、规范办学、依法管理、促进发展的方针。

国家鼓励引进外国优质教育资源的中外合作办学。

国家鼓励在高等教育、职业教育领域开展中外合作办学，鼓励中国高等教育机构与外国知名的高等教育机构合作办学。

**第四条** 中外合作办学者、中外合作办学机构的合法权益，受中国法律保护。

中外合作办学机构依法享受国家规定的优惠政策，依法自主开展教育教学活动。

**第五条** 中外合作办学必须遵守中国法律，贯彻中国的教育方针，符合中国的公共道德，不得损害中国的国家主权、安全和社会公共利益。

中外合作办学应当符合中国教育事业发展的需要，保证教育教学质量，致力于培养中国社会主义建设事业的各类人才。

**第六条** 中外合作办学者可以合作举办各级各类教育机构。但是，不得举办实施义务教育和实施军事、警察、政治等特殊性质教育的机构。

**第七条** 外国宗教组织、宗教机构、宗教院校和宗教教职人员不得在中国境内从事合作办学活动。

中外合作办学机构不得进行宗教教育和开展宗教活动。

**第八条** 国务院教育行政部门负责全国中外合作办学工作的统

筹规划、综合协调和宏观管理。国务院教育行政部门、劳动行政部门和其他有关行政部门在国务院规定的职责范围内负责有关的中外合作办学工作。

省、自治区、直辖市人民政府教育行政部门负责本行政区域内中外合作办学工作的统筹规划、综合协调和宏观管理。省、自治区、直辖市人民政府教育行政部门、劳动行政部门和其他有关行政部门在其职责范围内负责本行政区域内有关的中外合作办学工作。

# 第二章 设 立

**第九条** 申请设立中外合作办学机构的教育机构应当具有法人资格。

**第十条** 中外合作办学者可以用资金、实物、土地使用权、知识产权以及其他财产作为办学投入。

中外合作办学者的知识产权投入不得超过各自投入的 1/3。但是，接受国务院教育行政部门、劳动行政部门或者省、自治区、直辖市人民政府邀请前来中国合作办学的外国教育机构的知识产权投入可以超过其投入的 1/3。

**第十一条** 中外合作办学机构应当具备《中华人民共和国教育法》、《中华人民共和国职业教育法》、《中华人民共和国高等教育法》等法律和有关行政法规规定的基本条件，并具有法人资格。但是，外国教育机构同中国实施学历教育的高等学校设立的实施高等教育的中外合作办学机构，可以不具有法人资格。

设立中外合作办学机构，参照国家举办的同级同类教育机构的设置标准执行。

**第十二条** 申请设立实施本科以上高等学历教育的中外合作办学机构，由国务院教育行政部门审批；申请设立实施高等专科教育和非学历高等教育的中外合作办学机构，由拟设立机构所在地的省、

158

自治区、直辖市人民政府审批。

申请设立实施中等学历教育和自学考试助学、文化补习、学前教育等的中外合作办学机构，由拟设立机构所在地的省、自治区、直辖市人民政府教育行政部门审批。

申请设立实施职业技能培训的中外合作办学机构，由拟设立机构所在地的省、自治区、直辖市人民政府劳动行政部门审批。

**第十三条** 设立中外合作办学机构，分为筹备设立和正式设立两个步骤。但是，具备办学条件，达到设置标准的，可以直接申请正式设立。

**第十四条** 申请筹备设立中外合作办学机构，应当提交下列文件：

（一）申办报告，内容应当主要包括：中外合作办学者、拟设立中外合作办学机构的名称、培养目标、办学规模、办学层次、办学形式、办学条件、内部管理体制、经费筹措与管理使用等；

（二）合作协议，内容应当包括：合作期限、争议解决办法等；

（三）资产来源、资金数额及有效证明文件，并载明产权；

（四）属捐赠性质的校产须提交捐赠协议，载明捐赠人的姓名、所捐资产的数额、用途和管理办法及相关有效证明文件；

（五）不低于中外合作办学者资金投入15%的启动资金到位证明。

**第十五条** 申请筹备设立中外合作办学机构的，审批机关应当自受理申请之日起45个工作日内作出是否批准的决定。批准的，发给筹备设立批准书；不批准的，应当书面说明理由。

**第十六条** 经批准筹备设立中外合作办学机构的，应当自批准之日起3年内提出正式设立申请；超过3年的，中外合作办学者应当重新申报。

筹备设立期内，不得招生。

**第十七条** 完成筹备设立申请正式设立的，应当提交下列文件：

（一）正式设立申请书；

（二）筹备设立批准书；

（三）筹备设立情况报告；

（四）中外合作办学机构的章程，首届理事会、董事会或者联合管理委员会组成人员名单；

（五）中外合作办学机构资产的有效证明文件；

（六）校长或者主要行政负责人、教师、财会人员的资格证明文件。

直接申请正式设立中外合作办学机构的，应当提交前款第（一）项、第（四）项、第（五）项、第（六）项和第十四条第（二）项、第（三）项、第（四）项所列文件。

**第十八条** 申请正式设立实施非学历教育的中外合作办学机构的，审批机关应当自受理申请之日起 3 个月内作出是否批准的决定；申请正式设立实施学历教育的中外合作办学机构的，审批机关应当自受理申请之日起 6 个月内作出是否批准的决定。批准的，颁发统一格式、统一编号的中外合作办学许可证；不批准的，应当书面说明理由。

中外合作办学许可证由国务院教育行政部门制定式样，由国务院教育行政部门和劳动行政部门按照职责分工分别组织印制；中外合作办学许可证由国务院教育行政部门统一编号，具体办法由国务院教育行政部门会同劳动行政部门确定。

**第十九条** 申请正式设立实施学历教育的中外合作办学机构的，审批机关受理申请后，应当组织专家委员会评议，由专家委员会提出咨询意见。

**第二十条** 中外合作办学机构取得中外合作办学许可证后，应当依照有关的法律、行政法规进行登记，登记机关应当依照有关规定即时予以办理。

## 第三章  组织与管理

**第二十一条** 具有法人资格的中外合作办学机构应当设立理事

会或者董事会，不具有法人资格的中外合作办学机构应当设立联合管理委员会。理事会、董事会或者联合管理委员会的中方组成人员不得少于1/2。

理事会、董事会或者联合管理委员会由5人以上组成，设理事长、副理事长，董事长、副董事长或者主任、副主任各1人。中外合作办学者一方担任理事长、董事长或者主任的，由另一方担任副理事长、副董事长或者副主任。

具有法人资格的中外合作办学机构的法定代表人，由中外合作办学者协商，在理事长、董事长或者校长中确定。

第二十二条　中外合作办学机构的理事会、董事会或者联合管理委员会由中外合作办学者的代表、校长或者主要行政负责人、教职工代表等组成，其中1/3以上组成人员应当具有5年以上教育、教学经验。

中外合作办学机构的理事会、董事会或者联合管理委员会组成人员名单应当报审批机关备案。

第二十三条　中外合作办学机构的理事会、董事会或者联合管理委员会行使下列职权：

（一）改选或者补选理事会、董事会或者联合管理委员会组成人员；

（二）聘任、解聘校长或者主要行政负责人；

（三）修改章程，制定规章制度；

（四）制定发展规划，批准年度工作计划；

（五）筹集办学经费，审核预算、决算；

（六）决定教职工的编制定额和工资标准；

（七）决定中外合作办学机构的分立、合并、终止；

（八）章程规定的其他职权。

第二十四条　中外合作办学机构的理事会、董事会或者联合管理委员会每年至少召开一次会议。经1/3以上组成人员提议，可以召开理事会、董事会或者联合管理委员会临时会议。

中外合作办学机构的理事会、董事会或者联合管理委员会讨论下列重大事项，应当经 2/3 以上组成人员同意方可通过：

（一）聘任、解聘校长或者主要行政负责人；

（二）修改章程；

（三）制定发展规划；

（四）决定中外合作办学机构的分立、合并、终止；

（五）章程规定的其他重大事项。

**第二十五条** 中外合作办学机构的校长或者主要行政负责人，应当具有中华人民共和国国籍，在中国境内定居，热爱祖国，品行良好，具有教育、教学经验，并具备相应的专业水平。

**第二十六条** 中外合作办学机构的校长或者主要行政负责人行使下列职权：

（一）执行理事会、董事会或者联合管理委员会的决定；

（二）实施发展规划，拟订年度工作计划、财务预算和规章制度；

（三）聘任和解聘工作人员，实施奖惩；

（四）组织教育教学、科学研究活动，保证教育教学质量；

（五）负责日常管理工作；

（六）章程规定的其他职权。

**第二十七条** 中外合作办学机构依法对教师、学生进行管理。

中外合作办学机构聘任的外籍教师和外籍管理人员，应当具备学士以上学位和相应的职业证书，并具有 2 年以上教育、教学经验。

外方合作办学者应当从本教育机构中选派一定数量的教师到中外合作办学机构任教。

**第二十八条** 中外合作办学机构应当依法维护教师、学生的合法权益，保障教职工的工资、福利待遇，并为教职工缴纳社会保险费。

中外合作办学机构的教职工依法建立工会等组织，并通过教职工代表大会等形式，参与中外合作办学机构的民主管理。

第二十九条　中外合作办学机构的外籍人员应当遵守外国人在中国就业的有关规定。

## 第四章　教育教学

第三十条　中外合作办学机构应当按照中国对同级同类教育机构的要求开设关于宪法、法律、公民道德、国情等内容的课程。

国家鼓励中外合作办学机构引进国内急需、在国际上具有先进性的课程和教材。

中外合作办学机构应当将所开设的课程和引进的教材报审批机关备案。

第三十一条　中外合作办学机构根据需要，可以使用外国语言文字教学，但应当以普通话和规范汉字为基本教学语言文字。

第三十二条　实施高等学历教育的中外合作办学机构招收学生，纳入国家高等学校招生计划。实施其他学历教育的中外合作办学机构招收学生，按照省、自治区、直辖市人民政府教育行政部门的规定执行。

中外合作办学机构招收境外学生，按照国家有关规定执行。

第三十三条　中外合作办学机构的招生简章和广告应当报审批机关备案。

中外合作办学机构应当将办学类型和层次、专业设置、课程内容和招生规模等有关情况，定期向社会公布。

第三十四条　中外合作办学机构实施学历教育的，按照国家有关规定颁发学历证书或者其他学业证书；实施非学历教育的，按照国家有关规定颁发培训证书或者结业证书。对于接受职业技能培训的学生，经政府批准的职业技能鉴定机构鉴定合格的，可以按照国家有关规定颁发相应的国家职业资格证书。

中外合作办学机构实施高等学历教育的，可以按照国家有关规定颁发中国相应的学位证书。

中外合作办学机构颁发的外国教育机构的学历、学位证书，应当与该教育机构在其所属国颁发的学历、学位证书相同，并在该国获得承认。

中国对中外合作办学机构颁发的外国教育机构的学历、学位证书的承认，依照中华人民共和国缔结或者加入的国际条约办理，或者按照国家有关规定办理。

**第三十五条** 国务院教育行政部门或者省、自治区、直辖市人民政府教育行政部门及劳动行政部门等其他有关行政部门应当加强对中外合作办学机构的日常监督，组织或者委托社会中介组织对中外合作办学机构的办学水平和教育质量进行评估，并将评估结果向社会公布。

## 第五章　资产与财务

**第三十六条** 中外合作办学机构应当依法建立健全财务、会计制度和资产管理制度，并按照国家有关规定设置会计账簿。

**第三十七条** 中外合作办学机构存续期间，所有资产由中外合作办学机构依法享有法人财产权，任何组织和个人不得侵占。

**第三十八条** 中外合作办学机构的收费项目和标准，依照国家有关政府定价的规定确定并公布；未经批准，不得增加项目或者提高标准。

中外合作办学机构应当以人民币计收学费和其他费用，不得以外汇计收学费和其他费用。

**第三十九条** 中外合作办学机构收取的费用应当主要用于教育教学活动和改善办学条件。

**第四十条** 中外合作办学机构的外汇收支活动以及开设和使用外汇账户，应当遵守国家外汇管理规定。

**第四十一条** 中外合作办学机构应当在每个会计年度结束时制作财务会计报告，委托社会审计机构依法进行审计，向社会公布审计结果，并报审批机关备案。

## 第六章 变更与终止

**第四十二条** 中外合作办学机构的分立、合并，在进行财务清算后，由该机构理事会、董事会或者联合管理委员会报审批机关批准。

申请分立、合并实施非学历教育的中外合作办学机构的，审批机关应当自受理申请之日起 3 个月内以书面形式答复；申请分立、合并实施学历教育的中外合作办学机构的，审批机关应当自受理申请之日起 6 个月内以书面形式答复。

**第四十三条** 中外合作办学机构合作办学者的变更，应当由合作办学者提出，在进行财务清算后，经该机构理事会、董事会或者联合管理委员会同意，报审批机关核准，并办理相应的变更手续。

中外合作办学机构住所、法定代表人的变更，应当经审批机关核准，并办理相应的变更手续。中外合作办学机构校长或者主要行政负责人的变更，应当及时办理变更手续。

**第四十四条** 中外合作办学机构名称、层次、类别的变更，由该机构理事会、董事会或者联合管理委员会报审批机关批准。

申请变更为实施非学历教育的中外合作办学机构的，审批机关应当自受理申请之日起 3 个月内以书面形式答复；申请变更为实施学历教育的中外合作办学机构的，审批机关应当自受理申请之日起 6 个月内以书面形式答复。

**第四十五条** 中外合作办学机构有下列情形之一的，应当终止：

（一）根据章程规定要求终止，并经审批机关批准的；

（二）被吊销中外合作办学许可证的；

（三）因资不抵债无法继续办学，并经审批机关批准的。

中外合作办学机构终止，应当妥善安置在校学生；中外合作办学机构提出终止申请时，应当同时提交妥善安置在校学生的方案。

**第四十六条** 中外合作办学机构终止时，应当依法进行财务清算。

中外合作办学机构自己要求终止的，由中外合作办学机构组织清算；被审批机关依法撤销的，由审批机关组织清算；因资不抵债无法继续办学而被终止的，依法请求人民法院组织清算。

**第四十七条** 中外合作办学机构清算时，应当按照下列顺序清偿：

（一）应当退还学生的学费和其他费用；

（二）应当支付给教职工的工资和应当缴纳的社会保险费用；

（三）应当偿还的其他债务。

中外合作办学机构清偿上述债务后的剩余财产，依照有关法律、行政法规的规定处理。

**第四十八条** 中外合作办学机构经批准终止或者被吊销中外合作办学许可证的，应当将中外合作办学许可证和印章交回审批机关，依法办理注销登记。

# 第七章 法 律 责 任

**第四十九条** 中外合作办学审批机关及其工作人员，利用职务上的便利收取他人财物或者获取其他利益，滥用职权、玩忽职守，对不符合本条例规定条件者颁发中外合作办学许可证，或者发现违法行为不予以查处，造成严重后果，触犯刑律的，对负有责任的主管人员和其他直接责任人员，依照刑法关于受贿罪、滥用职权罪、玩忽职守罪或者其他罪的规定，依法追究刑事责任；尚不够刑事处罚的，依法给予行政处分。

**第五十条** 违反本条例的规定，超越职权审批中外合作办学机构的，其批准文件无效，由上级机关责令改正；对负有责任的主管人员和其他直接责任人员，依法给予行政处分；致使公共财产、国家和人民利益遭受重大损失的，依照刑法关于滥用职权罪或者其他罪的规定，依法追究刑事责任。

第五十一条 违反本条例的规定，未经批准擅自设立中外合作办学机构，或者以不正当手段骗取中外合作办学许可证的，由教育行政部门、劳动行政部门按照职责分工予以取缔或者会同公安机关予以取缔，责令退还向学生收取的费用，并处以 10 万元以下的罚款；触犯刑律的，依照刑法关于诈骗罪或者其他罪的规定，依法追究刑事责任。

第五十二条 违反本条例的规定，在中外合作办学机构筹备设立期间招收学生的，由教育行政部门、劳动行政部门按照职责分工责令停止招生，责令退还向学生收取的费用，并处以 10 万元以下的罚款；情节严重，拒不停止招生的，由审批机关撤销筹备设立批准书。

第五十三条 中外合作办学者虚假出资或者在中外合作办学机构成立后抽逃出资的，由教育行政部门、劳动行政部门按照职责分工责令限期改正；逾期不改正的，由教育行政部门、劳动行政部门按照职责分工处以虚假出资金额或者抽逃出资金额 2 倍以下的罚款。

第五十四条 伪造、变造和买卖中外合作办学许可证的，依照刑法关于伪造、变造、买卖国家机关证件罪或者其他罪的规定，依法追究刑事责任。

第五十五条 中外合作办学机构未经批准增加收费项目或者提高收费标准的，由教育行政部门、劳动行政部门按照职责分工责令退还多收的费用，并由市场监督管理部门依照有关法律、行政法规的规定予以处罚。

第五十六条 中外合作办学机构管理混乱、教育教学质量低下，造成恶劣影响的，由教育行政部门、劳动行政部门按照职责分工责令限期整顿并予以公告；情节严重、逾期不整顿或者经整顿仍达不到要求的，由教育行政部门、劳动行政部门按照职责分工责令停止招生、吊销中外合作办学许可证。

**第五十七条** 违反本条例的规定，发布虚假招生简章，骗取钱财的，由教育行政部门、劳动行政部门按照职责分工，责令限期改正并予以警告；有违法所得的，退还所收费用后没收违法所得，并可处以 10 万元以下的罚款；情节严重的，责令停止招生、吊销中外合作办学许可证；构成犯罪的，依照刑法关于诈骗罪或者其他罪的规定，依法追究刑事责任。

中外合作办学机构发布虚假招生广告的，依照《中华人民共和国广告法》的有关规定追究其法律责任。

**第五十八条** 中外合作办学机构被处以吊销中外合作办学许可证行政处罚的，其理事长或者董事长、校长或者主要行政负责人自中外合作办学许可证被吊销之日起 10 年内不得担任任何中外合作办学机构的理事长或者董事长、校长或者主要行政负责人。

违反本条例的规定，触犯刑律被依法追究刑事责任的，自刑罚执行期满之日起 10 年内不得从事中外合作办学活动。

## 第八章　附　　则

**第五十九条** 香港特别行政区、澳门特别行政区和台湾地区的教育机构与内地教育机构合作办学的，参照本条例的规定执行。

**第六十条** 在市场监督管理部门登记注册的经营性的中外合作举办的培训机构的管理办法，由国务院另行规定。

**第六十一条** 外国教育机构同中国教育机构在中国境内合作举办以中国公民为主要招生对象的实施学历教育和自学考试助学、文化补习、学前教育等的合作办学项目的具体审批和管理办法，由国务院教育行政部门制定。

外国教育机构同中国教育机构在中国境内合作举办以中国公民为主要招生对象的实施职业技能培训的合作办学项目的具体审批和

管理办法，由国务院劳动行政部门制定。

**第六十二条** 外国教育机构、其他组织或者个人不得在中国境内单独设立以中国公民为主要招生对象的学校及其他教育机构。

**第六十三条** 本条例施行前依法设立的中外合作办学机构，应当补办本条例规定的中外合作办学许可证。其中，不完全具备本条例所规定条件的，应当在本条例施行之日起2年内达到本条例规定的条件；逾期未达到本条例规定条件的，由审批机关予以撤销。

**第六十四条** 本条例自2003年9月1日起施行。

# 外商投资电信企业管理规定

（2001年12月11日中华人民共和国国务院令第333号公布 根据2008年9月10日《国务院关于修改〈外商投资电信企业管理规定〉的决定》第一次修订 根据2016年2月6日《国务院关于修改部分行政法规的决定》第二次修订 根据2022年3月29日《国务院关于修改和废止部分行政法规的决定》第三次修订)

**第一条** 为了适应电信业对外开放的需要，促进电信业的发展，根据有关外商投资的法律、行政法规和《中华人民共和国电信条例》（以下简称电信条例)，制定本规定。

**第二条** 外商投资电信企业，是指外国投资者依法在中华人民共和国境内设立的经营电信业务的企业。

**第三条** 外商投资电信企业从事电信业务经营活动，除必须遵守本规定外，还必须遵守电信条例和其他有关法律、行政法规的规定。

**第四条** 外商投资电信企业可以经营基础电信业务、增值电信业务，具体业务分类依照电信条例的规定执行。

外商投资电信企业经营业务的地域范围，由国务院工业和信息化主管部门按照有关规定确定。

**第五条** 外商投资电信企业的注册资本应当符合下列规定：

（一）经营全国的或者跨省、自治区、直辖市范围的基础电信业务的，其注册资本最低限额为10亿元人民币；经营增值电信业务的，其注册资本最低限额为1000万元人民币；

（二）经营省、自治区、直辖市范围内的基础电信业务的，其注册资本最低限额为1亿元人民币；经营增值电信业务的，其注册资本最低限额为100万元人民币。

**第六条** 经营基础电信业务（无线寻呼业务除外）的外商投资电信企业的外方投资者在企业中的出资比例，最终不得超过49%，国家另有规定的除外。

经营增值电信业务（包括基础电信业务中的无线寻呼业务）的外商投资电信企业的外方投资者在企业中的出资比例，最终不得超过50%，国家另有规定的除外。

**第七条** 外商投资电信企业经营电信业务，除应当符合本规定第四条、第五条、第六条规定的条件外，还应当符合电信条例规定的经营基础电信业务或者经营增值电信业务应当具备的条件。

**第八条** 经营基础电信业务的外商投资电信企业的中方主要投资者应当符合下列条件：

（一）是依法设立的公司；

（二）有与从事经营活动相适应的资金和专业人员；

（三）符合国务院工业和信息化主管部门规定的审慎的和特定行业的要求。

前款所称外商投资电信企业的中方主要投资者，是指在全体中方投资者中出资数额最多且占中方全体投资者出资总额的30%以上的出资者。

**第九条** 经营基础电信业务的外商投资电信企业的外方主要投资者应当符合下列条件：

（一）具有企业法人资格；

（二）在注册的国家或者地区取得基础电信业务经营许可证；

（三）有与从事经营活动相适应的资金和专业人员。

前款所称外商投资电信企业的外方主要投资者，是指在外方全体投资者中出资数额最多且占全体外方投资者出资总额的 30% 以上的出资者。

第十条　外商投资电信企业，经依法办理市场主体登记后，向国务院工业和信息化主管部门申请电信业务经营许可并报送下列文件：

（一）投资者情况说明书；

（二）本规定第八条、第九条规定的投资者的资格证明或者有关确认文件；

（三）电信条例规定的经营基础电信业务或者增值电信业务应当具备的其他条件的证明或者确认文件。

国务院工业和信息化主管部门应当自收到申请之日起对前款规定的有关文件进行审查。属于基础电信业务的，应当在受理申请之日起 180 日内审查完毕，作出批准或者不予批准的决定；属于增值电信业务的，应当在收到申请之日起 60 日内审查完毕，作出批准或者不予批准的决定。予以批准的，颁发《电信业务经营许可证》；不予批准的，应当书面通知申请人并说明理由。

第十一条　外商投资电信企业投资者情况说明书的主要内容包括：投资者的名称和基本情况、各方出资比例、外方投资者对外商投资电信企业的控制情况等。

第十二条　外商投资电信企业经营跨境电信业务，必须经国务院工业和信息化主管部门批准，并通过国务院工业和信息化主管部门批准设立的国际电信出入口局进行。

第十三条　违反本规定第六条规定的，由国务院工业和信息化主管部门责令限期改正，并处 10 万元以上 50 万元以下的罚款；逾期不改正的，吊销《电信业务经营许可证》。

第十四条　申请设立外商投资电信企业，提供虚假、伪造的资格证明或者确认文件骗取批准的，批准无效，由国务院工业和信息化主管部门处 20 万元以上 100 万元以下的罚款，吊销《电信业务经营许可证》。

**第十五条** 外商投资电信企业经营电信业务，违反电信条例和其他有关法律、行政法规规定的，由有关机关依法给予处罚。

**第十六条** 香港特别行政区、澳门特别行政区和台湾地区的公司、企业在内地投资经营电信业务，比照适用本规定。

**第十七条** 本规定自 2002 年 1 月 1 日起施行。


# 关于外商投资企业合并与分立规定

（1999 年 9 月 23 日对外贸易经济合作部、工商总局〔1999〕外经贸法发第 395 号公布 根据 2001 年 11 月 22 日对外贸易经济合作部、工商总局令第 8 号《对外贸易经济合作部和国家工商行政管理总局关于修改〈关于外商投资企业合并与分立的规定〉的决定》第一次修正 根据 2015 年 10 月 28 日《商务部关于修改部分规章和规范性文件的决定》第二次修正）


**第一条** 为了规范涉及外商投资企业合并与分立的行为，保护企业投资者和债权人的合法权益，根据《中华人民共和国公司法》和有关外商投资企业的法律和行政法规，制定本规定。

**第二条** 本规定适用于依照中国法律在中国境内设立的中外合资经营企业、具有法人资格的中外合作经营企业、外资企业、外商投资股份有限公司（以下统称公司）之间合并或分立。

公司与中国内资企业合并，参照有关法律、法规和本规定办理。

**第三条** 本规定所称合并，是指两个以上公司依照公司法有关规定，通过订立协议而归并成为一个公司。

公司合并可以采取吸收合并和新设合并两种形式。

172

吸收合并，是指公司接纳其他公司加入本公司，接纳方继续存在，加入方解散。

新设合并，是指两个以上公司合并设立一个新的公司，合并各方解散。

**第四条** 本规定所称分立，是指一个公司依照公司法有关规定，通过公司最高权力机构决议分成两个以上的公司。

公司分立可以采取存续分立和解散分立两种形式。

存续分立，是指一个公司分离成两个以上公司，本公司继续存在并设立一个以上新的公司。

解散分立，是指一个公司分解为两个以上公司，本公司解散并设立两个以上新的公司。

**第五条** 公司合并或分立，应当遵守中国的法律、法规和本规定，遵循自愿、平等和公平竞争的原则，不得损害社会公共利益和债权人的合法权益。

公司合并或分立，应符合《指导外商投资方向暂行规定》和《外商投资产业指导目录》的规定，不得导致外国投资者在不允许外商独资、控股或占主导地位的产业的公司中独资、控股或占主导地位。

公司因合并或分立而导致其所从事的行业或经营范围发生变更的，应符合有关法律、法规及国家产业政策的规定并办理必要的审批手续。

**第六条** 公司合并或分立，应当符合海关、税务和外汇管理等有关部门颁布的规定。合并或分立后存续或新设的公司，经审批机关、海关和税务等机关核定，继续享受原公司所享受的各项外商投资企业待遇。

**第七条** 公司合并或分立，须经公司原审批机关批准并到登记机关办理有关公司设立、变更或注销登记。

拟合并公司的原审批机关或登记机关有两个以上的，由合并后公司住所地对外经济贸易主管部门和国家工商行政管理总局（以下简称国家工商总局）授权的登记机关作为审批和登记机关。

拟合并公司的投资总额之和超过公司原审批机关或合并后公司住所地审批机关审批权限的，由具有相应权限的审批机关审批。

拟合并的公司至少有一家为股份有限公司的，由中华人民共和国对外贸易经济合作部（以下简称外经贸部）审批。

**第八条** 因公司合并或分立而解散原公司或新设异地公司，须征求拟解散或拟设立公司的所在地审批机关的意见。

**第九条** 有限责任公司之间合并后为有限责任公司。股份有限公司之间合并后为股份有限公司。

上市的股份有限公司与有限责任公司合并后为股份有限公司。非上市的股份有限公司与有限责任公司合并后可以是股份有限公司，也可以是有限责任公司。

**第十条** 股份有限公司之间合并或者公司合并后为有限责任公司的，合并后公司的注册资本为原公司注册资本额之和。

有限责任公司与股份有限公司合并后为股份有限公司的，合并后公司的注册资本为原有限责任公司净资产额根据拟合并的股份有限公司每股所含净资产额折成的股份额与原股份有限公司股份总额之和。

**第十一条** 根据本规定第十条第一款合并的，各方投资者在合并后的公司中的股权比例，根据国家有关规定，由投资者之间协商或根据资产评估机构对其在原公司股权价值的评估结果，在合并后的公司合同、章程中确定，但外国投资者的股权比例不得低于合并后公司注册资本的百分之二十五。

**第十二条** 分立后公司的注册资本额，由分立前公司的最高权力机构，依照有关外商投资企业法律、法规和登记机关的有关规定确定，但分立后各公司的注册资本额之和应为分立前公司的注册资本额。

**第十三条** 各方投资者在分立后的公司中的股权比例，由投资者在分立后的公司合同、章程中确定，但外国投资者的股权比例不得低于分立后公司注册资本的百分之二十五。

**第十四条** 公司合并，采取吸收合并形式的，接纳方公司的成立日期为合并后公司的成立日期；采取新设合并形式的，登记机关核准设立登记并签发营业执照的日期为合并后公司的成立日期。

因公司分立而设立新公司的，登记机关核准设立登记并签发营业执照的日期为分立后公司的成立日期。

第十五条　涉及上市的股份有限公司合并或分立的，应当符合有关法律、法规和国务院证券监督管理部门对上市公司的规定并办理必要的审批手续。

第十六条　公司与中国内资企业合并必须符合我国利用外资的法律、法规规定和产业政策要求并具备以下条件：

（一）拟合并的中国内资企业是依照《中华人民共和国公司法》规范组建的有限责任公司或股份有限公司；

（二）投资者符合法律、法规和部门规章对合并后公司所从事有关产业的投资者资格要求；

（三）外国投资者的股权比例不得低于合并后公司注册资本的百分之二十五；

（四）合并协议各方保证拟合并公司的原有职工充分就业或给予合理安置。

第十七条　公司与中国内资企业合并后为外商投资企业，其投资总额为原公司的投资总额与中国内资企业财务审计报告所记载的企业资产总额之和，注册资本为原公司的注册资本额与中国内资企业的注册资本额之和。合并后的公司注册资本与投资总额比例，应当符合国家工商总局《关于中外合资经营企业注册资本与投资总额比例的暂行规定》；在特殊情况下，不能执行该规定的，须经外经贸部会同国家工商总局批准。

第十八条　与公司合并的中国内资企业已经投资设立的企业，成为合并后公司所持股的企业，应当符合中国利用外资的产业政策要求和《关于外商投资企业境内投资的暂行规定》。合并后的公司不得在禁止外商投资产业的企业中持有股权。

第十九条　公司吸收合并，由接纳方公司作为申请人，公司新设合并，由合并各方协商确定一个申请人。

申请人应向审批机关报送下列文件：

（一）各公司法定代表人签署的关于公司合并的申请书和公司合并协议；

（二）各公司最高权力机构关于公司合并的决议；

（三）各公司合同、章程；

（四）各公司的批准证书和营业执照复印件；

（五）各公司的资产负债表及财产清单；

（六）各公司上一年度的审计报告；

（七）各公司的债权人名单；

（八）合并后的公司合同、章程；

（九）合并后的公司最高权力机构成员名单；

（十）审批机关要求报送的其他文件。

公司与中国内资企业合并的，申请人还应向审批机关报送拟合并的中国内资企业已投资设立企业的营业执照复印件。

**第二十条** 公司合并协议应包括下列主要内容：

（一）合并协议各方的名称、住所、法定代表人；

（二）合并后公司的名称、住所、法定代表人；

（三）合并后公司的投资总额和注册资本；

（四）合并形式；

（五）合并协议各方债权、债务的承继方案；

（六）职工安置办法；

（七）违约责任；

（八）解决争议的方式；

（九）签约日期、地点；

（十）合并协议各方认为需要规定的其他事项。

**第二十一条** 拟合并的公司有两个以上原审批机关的，拟解散的公司应当在依照本规定第十九条向审批机关报送有关文件之前，向其原审批机关提交因公司合并而解散的申请。

原审批机关应自接到前款有关解散申请之日起十五日内做出是

否同意解散的批复。超过十五日，原审批机关未作批复的，视作原审批机关同意该公司解散。

如果原审批机关在前款规定期限内，作出不同意有关公司解散的批复，拟解散公司可将有关解散申请提交原审批机关与公司合并的审批机关共同的上一级对外经济贸易主管部门，该部门应自接到有关公司解散申请之日起三十日内作出裁决。

如果审批机关不同意或不批准公司合并，则有关公司解散的批复自行失效。

**第二十二条** 拟分立的公司应向审批机关报送下列文件：

（一）公司法定代表人签署的关于公司分立的申请书；

（二）公司最高权力机构关于公司分立的决议；

（三）因公司分立而拟存续、新设的公司（以下统称分立协议各方）签订的公司分立协议；

（四）公司合同、章程；

（五）公司的批准证书和营业执照复印件；

（六）公司的资产负债表及财产清单；

（七）公司的债权人名单；

（八）分立后的各公司合同、章程；

（九）分立后的各公司最高权力机构成员名单；

（十）审批机关要求报送的其他文件。

因公司分立而在异地新设公司的，公司还必须向审批机关报送拟设立公司的所在地审批机关对因分立而新设公司签署的意见。

**第二十三条** 公司分立协议应包括下列主要内容：

（一）分立协议各方拟定的名称、住所、法定代表人；

（二）分立后公司的投资总额和注册资本；

（三）分立形式；

（四）分立协议各方对拟分立公司财产的分割方案；

（五）分立协议各方对拟分立公司债权、债务的承继方案；

（六）职工安置办法；

（七）违约责任；

（八）解决争议的方式；

（九）签约日期、地点；

（十）分立协议各方认为需要规定的其他事项。

第二十四条　合并后存续的公司或者新设的公司全部承继因合并而解散的公司的债权、债务。

分立后的公司按照分立协议承继原公司的债权、债务。

第二十五条　审批机关应自接到本规定第十九条或第二十二条规定报送的有关文件之日起四十五日内，以书面形式作出是否同意合并或分立的初步批复。

公司合并的审批机关为外经贸部的，如果外经贸部认为公司合并具有行业垄断的趋势或者可能形成就某种特定商品或服务的市场控制地位而妨碍公平竞争，可于接到前款所述有关文件后，召集有关部门和机构，对拟合并的公司进行听证并对该公司及其相关市场进行调查。前款所述审批期限可延长至一百八十天。

第二十六条　拟合并或分立的公司应当自审批机关就同意公司合并或分立作出初步批复之日起十日内，向债权人发出通知书，并于三十日内在全国发行的省级以上报纸上至少公告三次。

公司应在上述通知书和公告中说明对现有公司债务的承继方案。

第二十七条　公司债权人自接到本规定第二十六条所述通知书之日起三十日内、未接到通知书的债权人自第一次公告之日起九十日内，有权要求公司对其债务承继方案进行修改，或者要求公司清偿债务或提供相应的担保。

如果公司债权人未在前款规定期限内行使有关权利，视为债权人同意拟合并或分立公司的债权、债务承继方案，该债权人的主张不得影响公司的合并或分立进程。

第二十八条　拟合并或分立的公司自第一次公告之日起九十日后，公司债权人无异议的，拟合并公司的申请人或拟分立的公司应向审批机关提交下列文件：

（一）公司在报纸上三次登载公司合并或分立公告的证明；

（二）公司通知其债权人的证明；

（三）公司就其有关债权、债务处理情况的说明；

（四）审批机关要求提交的其他文件。

**第二十九条** 审批机关应自接到本规定第二十八条所列文件之日起三十日内，决定是否批准公司合并或分立。

**第三十条** 公司采取吸收合并形式的，接纳方公司应到原审批机关办理外商投资企业批准证书变更手续并到登记机关办理公司变更登记；加入方公司应到原审批机关缴销外商投资企业批准证书并到登记机关办理公司注销登记。

公司采取新设合并形式的，合并各方公司应到原审批机关缴销外商投资企业批准证书并到登记机关办理公司注销登记；新设立的公司应通过申请人到审批机关领取外商投资企业批准证书并到登记机关办理公司设立登记。

公司采取存续分立形式的，存续的公司应到审批机关办理外商投资企业批准证书变更手续并到登记机关办理公司变更登记；新设立的公司应到审批机关领取外商投资企业批准证书并到登记机关办理公司设立登记。

公司采取解散分立形式的，原公司应到原审批机关缴销外商投资企业批准证书并到登记机关办理公司注销登记；新设立的公司应到审批机关领取外商投资企业批准证书并到登记机关办理公司设立登记。

公司与中国内资企业合并的仅由公司办理有关外商投资企业批准证书手续。

**第三十一条** 公司合并的申请人或拟分立的公司，应自审批机关批准合并或分立之日起三十日内，就因合并或分立而解散、存续或新设公司的事宜，到相应的审批机关办理有关缴销、变更或领取外商投资企业批准证书手续。

**第三十二条** 公司应自缴销、变更或领取外商投资企业批准证书之日起，依照《中华人民共和国企业法人登记管理条例》和《中华人民共和国公司登记管理条例》等有关规定，到登记机关办理有关注销、变更或设立登记手续。

设立登记应当在有关公司变更、注销登记办理完结后进行。

公司合并或分立协议中载明的有关公司财产处置方案及债权、债务承继方案和审批机关批准公司合并或分立的文件，视为注销登记所需提交的清算报告。

第三十三条　公司为新设合并或分立办理注销、变更登记后，当事人不依法办理有关公司设立登记的，应承担相应的法律责任。

第三十四条　公司投资者因公司合并或分立而签署的修改后的公司合同、章程自审批机关变更或核发外商投资企业批准证书之日起生效。

第三十五条　合并或分立后存续或新设的公司应自变更或领取营业执照之日起三十日内，向因合并或分立而解散的公司之债权人和债务人发出变更债务人和债权人的通知并在全国发行的省级以上报纸上公告。

第三十六条　合并或分立后存续或新设的公司应自换发或领取营业执照之日起三十日内，到税务、海关、土地管理和外汇管理等有关机关办理相应的登记手续。

公司与中国内资企业合并的，存续或新设的公司，还应根据有关外商投资企业的规定，到税务、海关、土地管理和外汇管理等机关，办理相关的审核手续。

第三十七条　在公司合并或分立过程中发生股权转让的，依照有关法律、法规和外商投资企业投资者股权变更的规定办理。

在公司与中国内资企业合并过程中，外国投资者购买内资企业股东股权的，其股权购买金的支付条件，依照《〈中外合资经营企业合营各方出资的若干规定〉的补充规定》执行。

第三十八条　香港、澳门、台湾地区的投资者在中国其他地区投资举办的公司合并或分立，参照本规定办理。

第三十九条　本规定由外经贸部和国家工商总局负责解释。

第四十条　本规定自发布之日起执行。

# 外商投资创业投资企业管理规定

（2003 年 1 月 30 日对外贸易经济合作部、科学技术部、国家工商行政管理总局、国家税务总局、国家外汇管理局令 2003 年第 2 号公布　根据 2015 年 10 月 28 日《商务部关于修改部分规章和规范性文件的决定》修正）

## 第一章　总　　则

**第一条**　为鼓励外国公司、企业和其他经济组织或个人（以下简称外国投资者）来华从事创业投资，建立和完善中国的创业投资机制，根据《中华人民共和国中外合作经营企业法》、《中华人民共和国中外合资经营企业法》、《中华人民共和国外资企业法》、《公司法》及其他相关的法律法规，制定本规定。

**第二条**　本规定所称外商投资创业投资企业（以下简称创投企业）是指外国投资者或外国投资者与根据中国法律注册成立的公司、企业或其他经济组织（以下简称中国投资者），根据本规定在中国境内设立的以创业投资为经营活动的外商投资企业。

**第三条**　本规定所称创业投资是指主要向未上市高新技术企业（以下简称所投资企业）进行股权投资，并为之提供创业管理服务，以期获取资本增值收益的投资方式。

**第四条**　创投企业可以采取非法人制组织形式，也可以采取公司制组织形式。

采取非法人制组织形式的创投企业（以下简称非法人制创投企业）的投资者对创投企业的债务承担连带责任。非法人制创投企业的投资者也可以在创投企业合同中约定在非法人制创投企业资产不足以清偿该债务时由第七条所述的必备投资者承担连带责任，其他投资者以其认缴的出资额为限承担责任。

采用公司制组织形式的创投企业（以下简称公司制创投企业）的投资者以其各自认缴的出资额为限对创投企业承担责任。

**第五条** 创投企业应遵守中国有关法律法规，符合外商投资产业政策，不得损害中国的社会公共利益。创投企业在中国境内的正当经营活动及合法权益受中国法律的保护。

## 第二章 设立与登记

**第六条** 设立创投企业应具备下列条件：

（一）投资者人数在 2 人以上 50 人以下；且应至少拥有一个第七条所述的必备投资者；

（二）外国投资者以可自由兑换的货币出资，中国投资者以人民币出资；

（三）有明确的组织形式；

（四）有明确合法的投资方向；

（五）除了将本企业经营活动授予一家创业投资管理公司进行管理的情形外，创投企业应有三名以上具备创业投资从业经验的专业人员；

（六）法律、行政法规规定的其他条件。

**第七条** 必备投资者应当具备下列条件：

（一）以创业投资为主营业务；

（二）在申请前三年其管理的资本累计不低于 1 亿美元，且其中至少 5000 万美元已经用于进行创业投资。在必备投资者为中国投资者的情形下，本款业绩要求为：在申请前三年其管理的资本累计不低于 1 亿元人民币，且其中至少 5000 万元人民币已经用于进行创业投资；

（三）拥有 3 名以上具有 3 年以上创业投资从业经验的专业管理

人员；

（四）如果某一投资者的关联实体满足上述条件，则该投资者可以申请成为必备投资者。本款所称关联实体是指该投资者控制的某一实体、或控制该投资者的某一实体、或与该投资者共同受控于某一实体的另一实体。本款所称控制是指控制方拥有被控制方超过50%的表决权；

（五）必备投资者及其上述关联实体均应未被所在国司法机关和其他相关监管机构禁止从事创业投资或投资咨询业务或以欺诈等原因进行处罚；

（六）非法人制创投企业的必备投资者，对创投企业的认缴出资及实际出资分别不低于投资者认缴出资总额及实际出资总额的1%，且应对创投企业的债务承担连带责任；公司制创投企业的必备投资者，对创投企业的认缴出资及实际出资分别不低于投资者认缴出资总额及实际出资总额的30%。

**第八条** 设立创投企业按以下程序办理：

（一）投资者须向拟设立创投企业所在地省级外经贸主管部门报送设立申请书及有关文件。

（二）省级外经贸主管部门应在收到全部上报材料后15天内完成初审并上报对外贸易经济合作部（以下简称审批机构）。

（三）审批机构在收到全部上报材料之日起45天内，经商科学技术部同意后，做出批准或不批准的书面决定。予以批准的，发给《外商投资企业批准证书》。

（四）获得批准设立的创投企业应自收到审批机构颁发的《外商投资企业批准证书》之日起一个月内，持此证书向国家工商行政管理部门或所在地具有外商投资企业登记管理权的省级工商行政管理部门（以下简称登记机关）申请办理注册登记手续。

**第九条** 申请设立创投企业应当向审批机构报送以下文件：

（一）必备投资者签署的设立申请书；

（二）投资各方签署的创投企业合同及章程；

（三）必备投资者书面声明（声明内容包括：投资者符合第七条规定的资格条件；所有提供的材料真实性；投资者将严格遵循本规定及中国其他有关法律法规的要求）；

（四）律师事务所出具的对必备投资者合法存在及其上述声明已获得有效授权和签署的法律意见书；

（五）必备投资者的创业投资业务说明、申请前三年其管理资本的说明、其已投资资本的说明，及其拥有的创业投资专业管理人员简历；

（六）投资者的注册登记证明（复印件）、法定代表人证明（复印件）；

（七）名称登记机关出具的创投企业名称预先核准通知书；

（八）如果必备投资者的资格条件是依据第七条第（四）款的规定，则还应报送其符合条件的关联实体的相关材料；

（九）审批机构要求的其他与申请设立有关的文件。

**第十条**　创投企业应当在名称中加注创业投资字样。除创投企业外，其他外商投资企业不得在名称中使用创业投资字样。

**第十一条**　申请设立创投企业应当向登记机关报送下列文件，并对其真实性、有效性负责：

（一）创投企业董事长或联合管理委员会负责人签署的设立登记申请书；

（二）合同、章程以及审批机构的批准文件和批准证书；

（三）投资者的合法开业证明或身份证明；

（四）投资者的资信证明；

（五）法定代表人的任职文件、身份证明和企业董事、经理等人员的备案文件；

（六）企业名称预先核准通知书；

（七）企业住所或营业场所证明。

申请设立非法人制创投企业，还应当提交境外必备投资者的章程或合伙协议。企业投资者中含本规定第七条第四款规定的投资者的，还应当提交关联实体为其出具的承担出资连带责任的担保函。

以上文件应使用中文。使用外文的，应提供规范的中文译本。

创投企业登记事项变更应依法向原登记机关申请办理变更登记。

**第十二条** 经登记机关核准的公司制创投企业，领取《企业法人营业执照》；经登记机关核准的非法人制创投企业，领取《营业执照》。

《营业执照》应载明非法人制创投企业投资者认缴的出资总额和必备投资者名称。

## 第三章  出资及相关变更

**第十三条** 非法人制创投企业的投资者的出资及相关变更应符合如下规定：

（一）投资者可以根据创业投资进度分期向创投企业注入认缴出资。各期投入资本额由创投企业根据创投企业合同及其与所投资企业签定的协议自主制定。投资者应在创投企业合同中约定投资者不如期出资的责任和相关措施；

（二）必备投资者在创投企业存续期内不得从创投企业撤出。特殊情况下确需撤出的，应获得占总出资额超过 50%的其他投资者同意，并应将其权益转让给符合第七条要求的新投资者，且应当相应修改创投企业的合同和章程，并报审批机构批准。

其他投资者如转让其认缴资本额或已投入资本额，须按创投企业合同的约定进行，且受让人应符合本规定第六条的有关要求。投资各方应相应修改创投企业合同和章程，并报审批机构备案；

（三）创投企业设立后，如果有新的投资者申请加入，须符合本规定和创投企业合同的约定，经必备投资者同意，相应修改创投企业合同和章程，并报审批机构备案；

（四）创投企业出售或以其他方式处置其在所投资企业的利益而

获得的收入中相当于其原出资额的部分，可以直接分配给投资各方。此类分配构成投资者减少其已投资的资本额。创投企业应当在创投企业合同中约定此类分配的具体办法，并在向其投资者作出该等分配之前至少30天内向审批机构和所在地外汇局提交一份要求相应减少投资者已投入资本额的备案说明，同时证明创投企业投资者未到位的认缴出资额及创投企业当时拥有的其他资金至少相当于创投企业当时承担的投资义务的要求。但该分配不应成为创投企业对因其违反任何投资义务所产生的诉讼请求的抗辩理由。

**第十四条** 非法人制创投企业向登记机关申请变更登记时，上述规定中审批机关出具的相关备案证明可替代相应的审批文件。

**第十五条** 非法人制创投企业投资者根据创业投资进度缴付出资后，应持相关验资报告向原登记机关申请办理出资备案手续。登记机关根据其实际出资状况在其《营业执照》出资额栏目后加注实缴出资额数目。

非法人制创投企业超过最长投资期限仍未缴付或缴清出资的，登记机关根据现行规定予以处罚。

**第十六条** 公司制创投企业投资者的出资及相关变更按现行规定办理。

## 第四章　组织机构

**第十七条** 非法人制创投企业设联合管理委员会。公司制创投企业设董事会。联合管理委员会或董事会的组成由投资者在创投企业合同及章程中予以约定。联合管理委员会或董事会代表投资者管理创投企业。

**第十八条** 联合管理委员会或董事会下设经营管理机构，根据创投企业的合同及章程中规定的权限，负责日常经营管理工作，执行联合管理委员会或董事会的投资决策。

**第十九条** 经营管理机构的负责人应当符合下列条件：

（一）具有完全的民事行为能力；

（二）无犯罪记录；

（三）无不良经营记录；

（四）应具有创业投资业的从业经验，且无违规操作记录；

（五）审批机构要求的与经营管理资格有关的其他条件。

**第二十条** 经营管理机构应定期向联合管理委员会或董事会报告以下事项：

（一）经授权的重大投资活动；

（二）中期、年度业绩报告和财务报告；

（三）法律、法规规定的其他事项；

（四）创投企业合同及章程中规定的有关事项。

**第二十一条** 联合管理委员会或董事会可以不设立经营管理机构，而将该创投企业的日常经营权授予一家创业投资管理企业或另一家创投企业进行管理。该创业投资管理企业可以是内资创业投资管理企业，也可以是外商投资创业投资管理企业，或境外创业投资管理企业。在此情形下，该创投企业与该创业投资管理企业应签订管理合同，约定创投企业和创业投资管理企业的权利义务。该管理合同应经全体投资者同意并报审批机构批准后方可生效。

**第二十二条** 创投企业的投资者可以在创业投资合同中依据国际惯例约定内部收益分配机制和奖励机制。

## 第五章　创业投资管理企业

**第二十三条** 受托管理创投企业的创业投资管理企业应具备下列条件：

（一）以受托管理创投企业的投资业务为主营业务；

（二）拥有三名以上具有三年以上创业投资从业经验的专业管理

人员；

（三）有完善的内部控制制度。

**第二十四条** 创业投资管理企业可以采取公司制组织形式，也可以采取合伙制组织形式。

**第二十五条** 同一创业投资管理企业可以受托管理不同的创投企业。

**第二十六条** 创业投资管理企业应定期向委托方的联合管理委员会或董事会报告第二十条所列事项。

**第二十七条** 设立外商投资创业投资管理企业应符合本规定第二十三条的条件，经拟设立外商投资创业投资管理公司所在地省级外经贸主管部门报审批机构批准。审批机构在收到全部上报材料之日起45天内，做出批准或不批准的书面决定。予以批准的，发给《外商投资企业批准证书》。获得批准设立的外商投资创业投资管理企业应自收到审批机构颁发的《外商投资企业批准证书》之日起一个月内，持此证书向登记机关申请办理注册登记手续。

**第二十八条** 申请设立外商投资创业投资管理公司应当向审批机构报送以下文件：

（一）设立申请书；

（二）外商投资创业投资管理公司合同及章程；

（三）投资者的注册登记证明（复印件）、法定代表人证明（复印件）；

（四）审批机构要求的其他与申请设立有关的文件。

**第二十九条** 外商投资创业投资管理企业名称应当加注创业投资管理字样。除外商投资创业投资管理企业外，其他外商投资企业不得在名称中使用创业投资管理字样。

**第三十条** 获得批准接受创投企业委托在华从事创业投资管理业务的境外创业投资管理企业，应当自管理合同获得批准之日起30日内，向登记机关申请办理营业登记手续。

申请营业登记应报送下列文件，并对其真实性、有效性负责：

188

（一）境外创业投资管理企业董事长或有权签字人签署的登记申请书；

（二）经营管理合同及审批机构的批准文件；

（三）境外创业投资管理企业的章程或合伙协议；

（四）境外创业投资管理企业的合法开业证明；

（五）境外创业投资管理企业的资信证明；

（六）境外创业投资管理企业委派的中国项目负责人的授权书、简历及身份证明；

（七）境外创业投资管理企业在华营业场所证明。

以上文件应使用中文。使用外文的，应提供规范的中文译本。

## 第六章  经营管理

**第三十一条**  创投企业可以经营以下业务：

（一）以全部自有资金进行股权投资，具体投资方式包括新设企业、向已设立企业投资、接受已设立企业投资者股权转让以及国家法律法规允许的其他方式；

（二）提供创业投资咨询；

（三）为所投资企业提供管理咨询；

（四）审批机构批准的其他业务。

创投企业资金应主要用于向所投资企业进行股权投资。

**第三十二条**  创投企业不得从事下列活动：

（一）在国家禁止外商投资的领域投资；

（二）直接或间接投资于上市交易的股票和企业债券，但所投资企业上市后，创投企业所持股份不在此列；

（三）直接或间接投资于非自用不动产；

（四）贷款进行投资；

（五）挪用非自有资金进行投资；

（六）向他人提供贷款或担保，但创投企业对所投资企业1年以上的企业债券和可以转换为所投资企业股权的债券性质的投资不在此列（本款规定并不涉及所投资企业能否发行该等债券）；

（七）法律、法规以及创投企业合同禁止从事的其他事项。

**第三十三条** 投资者应在创投企业合同中约定对外投资期限。

**第三十四条** 创投企业主要从出售或以其他方式处置其在所投资企业的股权获得收益。创投企业出售或以其他方式处置其在所投资企业的股权时，可以依法选择适用的退出机制，包括：

（一）将其持有的所投资企业的部分股权或全部股权转让给其他投资者；

（二）与所投资企业签订股权回购协议，由所投资企业在一定条件下依法回购其所持有的股权；

（三）所投资企业在符合法律、行政法规规定的上市条件时可以申请到境内外证券市场上市。创投企业可以依法通过证券市场转让其拥有的所投资企业的股份；

（四）中国法律、行政法规允许的其他方式。

所投资企业向创投企业回购该创投企业所持股权的具体办法由审批机构会同登记机关另行制订。

**第三十五条** 创投企业应当依照国家税法的规定依法申报纳税。对非法人制创投企业，可以由投资各方依照国家税法的有关规定，分别申报缴纳企业所得税；也可以由非法人制创投企业提出申请，经批准后，依照税法规定统一计算缴纳企业所得税。

非法人制创投企业企业所得税的具体征收管理办法由国家税务总局另行颁布。

**第三十六条** 创投企业中属于外国投资者的利润等收益汇出境外的，应当凭管理委员会或董事会的分配决议，由会计师事务所出具的审计报告、外方投资者投资资金流入证明和验资报告、完税证明和税务申报单（享受减免税优惠的，应提供税务部门出具的减免税证明文件），从其外汇账户中支付或者到外汇指定银行购汇汇出。

外国投资者回收的对创投企业的出资可依法申购外汇汇出。公司制创投企业开立和使用外汇账户、资本变动及其他外汇收支事项，按照现行外汇管理规定办理。非法人制创投企业外汇管理规定由国家外汇管理局另行制定。

**第三十七条** 投资者应在合同、章程中约定创投企业的经营期限，一般不得超过 12 年。经营期满，经审批机构批准，可以延期。

经审批机构批准，创投企业可以提前解散，终止合同和章程。但是，如果非法人制创投企业的所有投资均已被出售或通过其他方式变卖，其债务亦已全部清偿，且其剩余财产均已被分配给投资者，则毋需上述批准即可进入解散和终止程序，但该非法人制创业投资企业应在该等解散生效前至少 30 天内向审批机构提交一份书面备案说明。

创投企业解散，应按有关规定进行清算。

**第三十八条** 创投企业应当自清算结束之日起 30 日内向原登记机关申请注销登记。

申请注销登记，应当提交下列文件，并对其真实性、有效性负责：

（一）董事长或联合管理委员会负责人或清算组织负责人签署的注销登记申请书；

（二）董事会或联合管理委员会的决议；

（三）清算报告；

（四）税务机关、海关出具的注销登记证明；

（五）审批机构的批准文件或备案文件；

（六）法律、行政法规规定应当提交的其他文件。

经登记机关核准注销登记，创投企业终止。

非法人制创投企业必备投资者承担的连带责任不因非法人制创投企业的终止而豁免。

# 第七章　审核与监管

**第三十九条** 创投企业境内投资比照执行《指导外商投资方向

规定》和《外商投资产业指导目录》的规定。

第四十条　创投企业投资于任何鼓励类和允许类的所投资企业，应向所投资企业当地授权的外经贸部门备案。当地授权的外经贸部门应在收到备案材料后15天内完成备案审核手续并向所投资企业颁发外商投资企业批准证书。所投资企业持外商投资企业批准证书向登记机关申请办理注册登记手续。登记机关依照有关法律和行政法规规定决定准予登记或不予登记。准予登记的，颁发外商投资企业法人营业执照。

第四十一条　创投企业投资于限制类的所投资企业，应向所投资企业所在地省级外经贸主管部门提出申请，并提供下列材料：

（一）创投企业关于投资资金充足的声明；

（二）创投企业的批准证书和营业执照（复印件）；

（三）创投企业（与所投资企业其他投资者）签定的所投资企业合同与章程。

省级外经贸主管部门接到上述申请之日起45日内作出同意或不同意的书面批复。作出同意批复的，颁发外商投资企业批准证书。所投资企业持该批复文件和外商投资企业批准证书向登记机关申请登记。登记机关依照有关法律和行政法规规定决定准予登记或不予登记。准予登记的，颁发外商投资企业法人营业执照。

第四十二条　创投企业投资属于服务贸易领域逐步开放的外商投资项目，按国家有关规定审批。

第四十三条　创投企业增加或转让其在所投资企业投资等行为，按照第四十条、第四十一条和第四十二条规定的程序办理。

第四十四条　创投企业应在履行完第四十条、第四十一条、第四十二条和第四十三条规定的程序之日起一个月内向审批机构备案。

第四十五条　创投企业还应在每年3月份将上一年度的资金筹集和使用情况报审批机构备案。

审批机构在接到该备案材料起5个工作日内应出具备案登记证

明。凡未按上述规定备案的，审批机构将商国务院有关部门后予以相应处罚。

第四十六条　创投企业的所投资企业注册资本中，如果创投企业投资的比例中外国投资者的实际出资比例或与其他外国投资者联合投资的比例总和不低于25％，则该所投资企业将享受外商投资企业有关优惠待遇；如果创投企业投资的比例中外国投资者的实际出资比例或与其他外国投资者联合投资的比例总和低于该所投资企业注册资本的25％，则该所投资企业将不享受外商投资企业有关优惠待遇。

第四十七条　已成立的含有境内自然人投资者的内资企业在接受创业投资企业投资变更为外商投资企业后，可以继续保留其原有境内自然人投资者的股东地位。

第四十八条　创投企业经营管理机构的负责人和创业投资管理企业的负责人如有违法操作行为，除依法追究责任外，情节严重的，不得继续从事创业投资及相关的投资管理活动。

## 第八章　附　　则

第四十九条　香港特别行政区、澳门特别行政区、台湾地区的投资者在大陆投资设立创投企业，参照本规定执行。

第五十条　本规定由对外贸易经济合作部、科学技术部、国家工商行政管理总局、国家税务总局和国家外汇管理局负责解释。

第五十一条　本规定自二〇〇三年三月一日起施行。对外贸易经济合作部、科学技术部和国家工商行政管理总局于二〇〇一年八月二十八日发布的《关于设立外商投资创业投资企业的暂行规定》同日废止。

# 关于外国投资者并购境内企业的规定

(2006 年 8 月 8 日商务部、国务院国有资产监督管理委员会、国家税务总局、国家工商行政管理总局、中国证券监督管理委员会、国家外汇管理局令第 10 号公布　根据 2009 年 6 月 22 日《商务部关于修改〈关于外国投资者并购境内企业的规定〉的决定》修正)

## 第一章　总　则

**第一条**　为了促进和规范外国投资者来华投资，引进国外的先进技术和管理经验，提高利用外资的水平，实现资源的合理配置，保证就业、维护公平竞争和国家经济安全，依据外商投资企业的法律、行政法规及《公司法》和其他相关法律、行政法规，制定本规定。

**第二条**　本规定所称外国投资者并购境内企业，系指外国投资者购买境内非外商投资企业（以下称"境内公司"）股东的股权或认购境内公司增资，使该境内公司变更设立为外商投资企业（以下称"股权并购"）；或者，外国投资者设立外商投资企业，并通过该企业协议购买境内企业资产且运营该资产，或，外国投资者协议购买境内企业资产，并以该资产投资设立外商投资企业运营该资产（以下称"资产并购"）。

**第三条**　外国投资者并购境内企业应遵守中国的法律、行政法规和规章，遵循公平合理、等价有偿、诚实信用的原则，不得造成过度集中、排除或限制竞争，不得扰乱社会经济秩序和损害社会公共利益，不得导致国有资产流失。

**第四条**　外国投资者并购境内企业，应符合中国法律、行政法规和规章对投资者资格的要求及产业、土地、环保等政策。

194

依照《外商投资产业指导目录》不允许外国投资者独资经营的产业，并购不得导致外国投资者持有企业的全部股权；需由中方控股或相对控股的产业，该产业的企业被并购后，仍应由中方在企业中占控股或相对控股地位；禁止外国投资者经营的产业，外国投资者不得并购从事该产业的企业。

被并购境内企业原有所投资企业的经营范围应符合有关外商投资产业政策的要求；不符合要求的，应进行调整。

**第五条** 外国投资者并购境内企业涉及企业国有产权转让和上市公司国有股权管理事宜的，应当遵守国有资产管理的相关规定。

**第六条** 外国投资者并购境内企业设立外商投资企业，应依照本规定经审批机关批准，向登记管理机关办理变更登记或设立登记。

如果被并购企业为境内上市公司，还应根据《外国投资者对上市公司战略投资管理办法》，向国务院证券监督管理机构办理相关手续。

**第七条** 外国投资者并购境内企业所涉及的各方当事人应当按照中国税法规定纳税，接受税务机关的监督。

**第八条** 外国投资者并购境内企业所涉及的各方当事人应遵守中国有关外汇管理的法律和行政法规，及时向外汇管理机关办理各项外汇核准、登记、备案及变更手续。

## 第二章 基本制度

**第九条** 外国投资者在并购后所设外商投资企业注册资本中的出资比例高于25%的，该企业享受外商投资企业待遇。

外国投资者在并购后所设外商投资企业注册资本中的出资比例低于25%的，除法律和行政法规另有规定外，该企业不享受外商投资企业待遇，其举借外债按照境内非外商投资企业举借外债的有关规定办理。审批机关向其颁发加注"外资比例低于25%"字样的外商投资企业批准证书（以下称"批准证书"）。登记管理机关、外汇管理机关分别向其颁发加注"外资比例低于25%"字样的外商投资企业营业执照和外汇登记证。

境内公司、企业或自然人以其在境外合法设立或控制的公司名义并购与其有关联关系的境内公司，所设立的外商投资企业不享受外商投资企业待遇，但该境外公司认购境内公司增资，或者该境外公司向并购后所设企业增资，增资额占所设企业注册资本比例达到25%以上的除外。根据该款所述方式设立的外商投资企业，其实际控制人以外的外国投资者在企业注册资本中的出资比例高于25%的，享受外商投资企业待遇。

外国投资者并购境内上市公司后所设外商投资企业的待遇，按照国家有关规定办理。

**第十条** 本规定所称的审批机关为中华人民共和国商务部或省级商务主管部门（以下称"省级审批机关"），登记管理机关为中华人民共和国国家工商行政管理总局或其授权的地方工商行政管理局，外汇管理机关为中华人民共和国国家外汇管理局或其分支机构。

并购后所设外商投资企业，根据法律、行政法规和规章的规定，属于应由商务部审批的特定类型或行业的外商投资企业的，省级审批机关应将申请文件转报商务部审批，商务部依法决定批准或不批准。

**第十一条** 境内公司、企业或自然人以其在境外合法设立或控制的公司名义并购与其有关联关系的境内的公司，应报商务部审批。

当事人不得以外商投资企业境内投资或其他方式规避前述要求。

**第十二条** 外国投资者并购境内企业并取得实际控制权，涉及重点行业、存在影响或可能影响国家经济安全因素或者导致拥有驰名商标或中华老字号的境内企业实际控制权转移的，当事人应就此向商务部进行申报。

当事人未予申报，但其并购行为对国家经济安全造成或可能造成重大影响的，商务部可以会同相关部门要求当事人终止交易或采取转让相关股权、资产或其他有效措施，以消除并购行为对国家经济安全的影响。

第十三条　外国投资者股权并购的，并购后所设外商投资企业承继被并购境内公司的债权和债务。

外国投资者资产并购的，出售资产的境内企业承担其原有的债权和债务。

外国投资者、被并购境内企业、债权人及其他当事人可以对被并购境内企业的债权债务的处置另行达成协议，但是该协议不得损害第三人利益和社会公共利益。债权债务的处置协议应报送审批机关。

出售资产的境内企业应当在投资者向审批机关报送申请文件之前至少15日，向债权人发出通知书，并在全国发行的省级以上报纸上发布公告。

第十四条　并购当事人应以资产评估机构对拟转让的股权价值或拟出售资产的评估结果作为确定交易价格的依据。并购当事人可以约定在中国境内依法设立的资产评估机构。资产评估应采用国际通行的评估方法。禁止以明显低于评估结果的价格转让股权或出售资产，变相向境外转移资本。

外国投资者并购境内企业，导致以国有资产投资形成的股权变更或国有资产产权转移时，应当符合国有资产管理的有关规定。

第十五条　并购当事人应对并购各方是否存在关联关系进行说明，如果有两方属于同一个实际控制人，则当事人应向审批机关披露其实际控制人，并就并购目的和评估结果是否符合市场公允价值进行解释。当事人不得以信托、代持或其他方式规避前述要求。

第十六条　外国投资者并购境内企业设立外商投资企业，外国投资者应自外商投资企业营业执照颁发之日起3个月内向转让股权的股东，或出售资产的境内企业支付全部对价。对特殊情况需要延长者，经审批机关批准后，应自外商投资企业营业执照颁发之日起6个月内支付全部对价的60%以上，1年内付清全部对价，并按实际缴付的出资比例分配收益。

外国投资者认购境内公司增资，有限责任公司和以发起方式设立的境内股份有限公司的股东应当在公司申请外商投资企业营业执照时缴付不低于20%的新增注册资本,其余部分的出资时间应符合《公司法》、有关外商投资的法律和《公司登记管理条例》的规定。其他法律和行政法规另有规定的,从其规定。股份有限公司为增加注册资本发行新股时,股东认购新股,依照设立股份有限公司缴纳股款的有关规定执行。

外国投资者资产并购的,投资者应在拟设立的外商投资企业合同、章程中规定出资期限。设立外商投资企业,并通过该企业协议购买境内企业资产且运营该资产的,对与资产对价等额部分的出资,投资者应在本条第一款规定的对价支付期限内缴付;其余部分的出资应符合设立外商投资企业出资的相关规定。

外国投资者并购境内企业设立外商投资企业,如果外国投资者出资比例低于企业注册资本25%,投资者以现金出资的,应自外商投资企业营业执照颁发之日起3个月内缴清;投资者以实物、工业产权等出资的,应自外商投资企业营业执照颁发之日起6个月内缴清。

第十七条 作为并购对价的支付手段,应符合国家有关法律和行政法规的规定。外国投资者以其合法拥有的人民币资产作为支付手段的,应经外汇管理机关核准。外国投资者以其拥有处置权的股权作为支付手段的,按照本规定第四章办理。

第十八条 外国投资者协议购买境内公司股东的股权,境内公司变更设立为外商投资企业后,该外商投资企业的注册资本为原境内公司注册资本,外国投资者的出资比例为其所购买股权在原注册资本中所占比例。

外国投资者认购境内有限责任公司增资的,并购后所设外商投资企业的注册资本为原境内公司注册资本与增资额之和。外国投资者与被并购境内公司原其他股东,在境内公司资产评估的基础上,确定各自在外商投资企业注册资本中的出资比例。

外国投资者认购境内股份有限公司增资的,按照《公司法》有关规定确定注册资本。

第十九条 外国投资者股权并购的,除国家另有规定外,对并购后所设外商投资企业应按照以下比例确定投资总额的上限：

（一）注册资本在210万美元以下的，投资总额不得超过注册资本的10/7；

（二）注册资本在210万美元以上至500万美元的，投资总额不得超过注册资本的2倍；

（三）注册资本在500万美元以上至1200万美元的，投资总额不得超过注册资本的2.5倍；

（四）注册资本在1200万美元以上的，投资总额不得超过注册资本的3倍。

**第二十条** 外国投资者资产并购的，应根据购买资产的交易价格和实际生产经营规模确定拟设立的外商投资企业的投资总额。拟设立的外商投资企业的注册资本与投资总额的比例应符合有关规定。

## 第三章 审批与登记

**第二十一条** 外国投资者股权并购的，投资者应根据并购后所设外商投资企业的投资总额、企业类型及所从事的行业，依照设立外商投资企业的法律、行政法规和规章的规定，向具有相应审批权限的审批机关报送下列文件：

（一）被并购境内有限责任公司股东一致同意外国投资者股权并购的决议，或被并购境内股份有限公司同意外国投资者股权并购的股东大会决议；

（二）被并购境内公司依法变更设立为外商投资企业的申请书；

（三）并购后所设外商投资企业的合同、章程；

（四）外国投资者购买境内公司股东股权或认购境内公司增资的协议；

（五）被并购境内公司上一财务年度的财务审计报告；

（六）经公证和依法认证的投资者的身份证明文件或注册登记证

明及资信证明文件；

（七）被并购境内公司所投资企业的情况说明；

（八）被并购境内公司及其所投资企业的营业执照（副本）；

（九）被并购境内公司职工安置计划；

（十）本规定第十三条、第十四条、第十五条要求报送的文件。

并购后所设外商投资企业的经营范围、规模、土地使用权的取得等，涉及其他相关政府部门许可的，有关的许可文件应一并报送。

第二十二条　股权购买协议、境内公司增资协议应适用中国法律，并包括以下主要内容：

（一）协议各方的状况，包括名称（姓名），住所，法定代表人姓名、职务、国籍等；

（二）购买股权或认购增资的份额和价款；

（三）协议的履行期限、履行方式；

（四）协议各方的权利、义务；

（五）违约责任、争议解决；

（六）协议签署的时间、地点。

第二十三条　外国投资者资产并购的，投资者应根据拟设立的外商投资企业的投资总额、企业类型及所从事的行业，依照设立外商投资企业的法律、行政法规和规章的规定，向具有相应审批权限的审批机关报送下列文件：

（一）境内企业产权持有人或权力机构同意出售资产的决议；

（二）外商投资企业设立申请书；

（三）拟设立的外商投资企业的合同、章程；

（四）拟设立的外商投资企业与境内企业签署的资产购买协议，或外国投资者与境内企业签署的资产购买协议；

（五）被并购境内企业的章程、营业执照（副本）；

（六）被并购境内企业通知、公告债权人的证明以及债权人是否提出异议的说明；

（七）经公证和依法认证的投资者的身份证明文件或开业证明、

有关资信证明文件；

（八）被并购境内企业职工安置计划；

（九）本规定第十三条、第十四条、第十五条要求报送的文件。

依照前款的规定购买并运营境内企业的资产，涉及其他相关政府部门许可的，有关的许可文件应一并报送。

外国投资者协议购买境内企业资产并以该资产投资设立外商投资企业的，在外商投资企业成立之前，不得以该资产开展经营活动。

**第二十四条** 资产购买协议应适用中国法律，并包括以下主要内容：

（一）协议各方的状况，包括名称（姓名），住所，法定代表人姓名、职务、国籍等；

（二）拟购买资产的清单、价格；

（三）协议的履行期限、履行方式；

（四）协议各方的权利、义务；

（五）违约责任、争议解决；

（六）协议签署的时间、地点。

**第二十五条** 外国投资者并购境内企业设立外商投资企业，除本规定另有规定外，审批机关应自收到规定报送的全部文件之日起30日内，依法决定批准或不批准。决定批准的，由审批机关颁发批准证书。

外国投资者协议购买境内公司股东股权，审批机关决定批准的，应同时将有关批准文件分别抄送股权转让方、境内公司所在地外汇管理机关。股权转让方所在地外汇管理机关为其办理转股收汇外资外汇登记并出具相关证明，转股收汇外资外汇登记证明是证明外方已缴付的股权收购对价已到位的有效文件。

**第二十六条** 外国投资者资产并购的，投资者应自收到批准证书之日起30日内，向登记管理机关申请办理设立登记，领取外商投资企业营业执照。

外国投资者股权并购的，被并购境内公司应依照本规定向原登记管理机关申请变更登记，领取外商投资企业营业执照。原登记管理机关没有登记管辖权的，应自收到申请文件之日起 10 日内转送有管辖权的登记管理机关办理，同时附送该境内公司的登记档案。被并购境内公司在申请变更登记时，应提交以下文件，并对其真实性和有效性负责：

（一）变更登记申请书；

（二）外国投资者购买境内公司股东股权或认购境内公司增资的协议；

（三）修改后的公司章程或原章程的修正案和依法需要提交的外商投资企业合同；

（四）外商投资企业批准证书；

（五）外国投资者的主体资格证明或者自然人身份证明；

（六）修改后的董事会名单，记载新增董事姓名、住所的文件和新增董事的任职文件；

（七）国家工商行政管理总局规定的其他有关文件和证件。

投资者自收到外商投资企业营业执照之日起 30 日内，到税务、海关、土地管理和外汇管理等有关部门办理登记手续。

# 第四章　外国投资者以股权作为支付手段并购境内公司

## 第一节　以股权并购的条件

**第二十七条**　本章所称外国投资者以股权作为支付手段并购境内公司，系指境外公司的股东以其持有的境外公司股权，或者境外公司以其增发的股份，作为支付手段，购买境内公司股东的股权或者境内公司增发股份的行为。

**第二十八条**　本章所称的境外公司应合法设立并且其注册地具有完善的公司法律制度，且公司及其管理层最近 3 年未受到监管机构的处罚；除本章第三节所规定的特殊目的公司外，境外公司应为上市公司，其上市所在地应具有完善的证券交易制度。

第二十九条　外国投资者以股权并购境内公司所涉及的境内外公司的股权，应符合以下条件：

（一）股东合法持有并依法可以转让；

（二）无所有权争议且没有设定质押及任何其他权利限制；

（三）境外公司的股权应在境外公开合法证券交易市场（柜台交易市场除外）挂牌交易；

（四）境外公司的股权最近1年交易价格稳定。

前款第（三）、（四）项不适用于本章第三节所规定的特殊目的公司。

第三十条　外国投资者以股权并购境内公司，境内公司或其股东应当聘请在中国注册登记的中介机构担任顾问（以下称"并购顾问"）。并购顾问应就并购申请文件的真实性、境外公司的财务状况以及并购是否符合本规定第十四条、第二十八条和第二十九条的要求作尽职调查，并出具并购顾问报告，就前述内容逐项发表明确的专业意见。

第三十一条　并购顾问应符合以下条件：

（一）信誉良好且有相关从业经验；

（二）无重大违法违规记录；

（三）应有调查并分析境外公司注册地和上市所在地法律制度与境外公司财务状况的能力。

### 第二节　申报文件与程序

第三十二条　外国投资者以股权并购境内公司应报送商务部审批，境内公司除报送本规定第三章所要求的文件外，另须报送以下文件：

（一）境内公司最近1年股权变动和重大资产变动情况的说明；

（二）并购顾问报告；

（三）所涉及的境内外公司及其股东的开业证明或身份证明文件；

（四）境外公司的股东持股情况说明和持有境外公司5%以上股权的股东名录；

（五）境外公司的章程和对外担保的情况说明；

（六）境外公司最近年度经审计的财务报告和最近半年的股票交易情况报告。

**第三十三条** 商务部自收到规定报送的全部文件之日起30日内对并购申请进行审核，符合条件的，颁发批准证书，并在批准证书上加注"外国投资者以股权并购境内公司，自营业执照颁发之日起6个月内有效"。

**第三十四条** 境内公司应自收到加注的批准证书之日起30日内，向登记管理机关、外汇管理机关办理变更登记，由登记管理机关、外汇管理机关分别向其颁发加注"自颁发之日起8个月内有效"字样的外商投资企业营业执照和外汇登记证。

境内公司向登记管理机关办理变更登记时，应当预先提交旨在恢复股权结构的境内公司法定代表人签署的股权变更申请书、公司章程修正案、股权转让协议等文件。

**第三十五条** 自营业执照颁发之日起6个月内，境内公司或其股东应就其持有境外公司股权事项，向商务部、外汇管理机关申请办理境外投资开办企业核准、登记手续。

当事人除向商务部报送《关于境外投资开办企业核准事项的规定》所要求的文件外，另须报送加注的外商投资企业批准证书和加注的外商投资企业营业执照。商务部在核准境内公司或其股东持有境外公司的股权后，颁发中国企业境外投资批准证书，并换发无加注的外商投资企业批准证书。

境内公司取得无加注的外商投资企业批准证书后，应在30日内向登记管理机关、外汇管理机关申请换发无加注的外商投资企业营业执照、外汇登记证。

**第三十六条** 自营业执照颁发之日起6个月内，如果境内外公司没有完成其股权变更手续，则加注的批准证书和中国企业境外投资批准证书自动失效。登记管理机关根据境内公司预先提交的股权变更登记申请文件核准变更登记，使境内公司股权结构恢复到股权并购之前的状态。

并购境内公司增发股份而未实现的，在登记管理机关根据前款予以核准变更登记之前，境内公司还应当按照《公司法》的规定，减少相应的注册资本并在报纸上公告。

境内公司未按照前款规定办理相应的登记手续的，由登记管理机关按照《公司登记管理条例》的有关规定处理。

**第三十七条** 境内公司取得无加注的外商投资企业批准证书、外汇登记证之前，不得向股东分配利润或向有关联关系的公司提供担保，不得对外支付转股、减资、清算等资本项目款项。

**第三十八条** 境内公司或其股东凭商务部和登记管理机关颁发的无加注批准证书和营业执照，到税务机关办理税务变更登记。

### 第三节 对于特殊目的公司的特别规定

**第三十九条** 特殊目的公司系指中国境内公司或自然人为实现以其实际拥有的境内公司权益在境外上市而直接或间接控制的境外公司。

特殊目的公司为实现在境外上市，其股东以其所持公司股权，或者特殊目的公司以其增发的股份，作为支付手段，购买境内公司股东的股权或者境内公司增发的股份的，适用本节规定。

当事人以持有特殊目的公司权益的境外公司作为境外上市主体的，该境外公司应符合本节对于特殊目的公司的相关要求。

**第四十条** 特殊目的公司境外上市交易，应经国务院证券监督管理机构批准。

特殊目的公司境外上市所在国家或者地区应有完善的法律和监管制度，其证券监管机构已与国务院证券监督管理机构签订监管合作谅解备忘录，并保持着有效的监管合作关系。

**第四十一条**　本节所述的权益在境外上市的境内公司应符合下列条件：

（一）产权明晰，不存在产权争议或潜在产权争议；

（二）有完整的业务体系和良好的持续经营能力；

（三）有健全的公司治理结构和内部管理制度；

（四）公司及其主要股东近3年无重大违法违规记录。

**第四十二条**　境内公司在境外设立特殊目的公司，应向商务部申请办理核准手续。办理核准手续时，境内公司除向商务部报送《关于境外投资开办企业核准事项的规定》要求的文件外，另须报送以下文件：

（一）特殊目的公司实际控制人的身份证明文件；

（二）特殊目的公司境外上市商业计划书；

（三）并购顾问就特殊目的公司未来境外上市的股票发行价格所作的评估报告。

获得中国企业境外投资批准证书后，设立人或控制人应向所在地外汇管理机关申请办理相应的境外投资外汇登记手续。

**第四十三条**　特殊目的公司境外上市的股票发行价总值，不得低于其所对应的经中国有关资产评估机构评估的被并购境内公司股权的价值。

**第四十四条**　特殊目的公司以股权并购境内公司的，境内公司除向商务部报送本规定第三十二条所要求的文件外，另须报送以下文件：

（一）设立特殊目的公司时的境外投资开办企业批准文件和证书；

（二）特殊目的公司境外投资外汇登记表；

（三）特殊目的公司实际控制人的身份证明文件或开业证明、章程；

（四）特殊目的公司境外上市商业计划书；

（五）并购顾问就特殊目的公司未来境外上市的股票发行价格所

作的评估报告。

如果以持有特殊目的公司权益的境外公司作为境外上市主体，境内公司还须报送以下文件：

（一）该境外公司的开业证明和章程；

（二）特殊目的公司与该境外公司之间就被并购的境内公司股权所作的交易安排和折价方法的详细说明。

**第四十五条** 商务部对本规定第四十四条所规定的文件初审同意的，出具原则批复函，境内公司凭该批复函向国务院证券监督管理机构报送申请上市的文件。国务院证券监督管理机构于 20 个工作日内决定是否核准。

境内公司获得核准后，向商务部申领批准证书。商务部向其颁发加注"境外特殊目的公司持股，自营业执照颁发之日起 1 年内有效"字样的批准证书。

并购导致特殊目的公司股权等事项变更的，持有特殊目的公司股权的境内公司或自然人，凭加注的外商投资企业批准证书，向商务部就特殊目的公司相关事项办理境外投资开办企业变更核准手续，并向所在地外汇管理机关申请办理境外投资外汇登记变更。

**第四十六条** 境内公司应自收到加注的批准证书之日起 30 日内，向登记管理机关、外汇管理机关办理变更登记，由登记管理机关、外汇管理机关分别向其颁发加注"自颁发之日起 14 个月内有效"字样的外商投资企业营业执照和外汇登记证。

境内公司向登记管理机关办理变更登记时，应当预先提交旨在恢复股权结构的境内公司法定代表人签署的股权变更申请书、公司章程修正案、股权转让协议等文件。

**第四十七条** 境内公司应自特殊目的公司或与特殊目的公司有关联关系的境外公司完成境外上市之日起 30 日内，向商务部报告境外上市情况和融资收入调回计划，并申请换发无加注的外商投资企业批准证书。同时，境内公司应自完成境外上市之日起 30 日内，向国务院证券监督管理机构报告境外上市情况并提供相关的备案文件。

境内公司还应向外汇管理机关报送融资收入调回计划，由外汇管理机关监督实施。境内公司取得无加注的批准证书后，应在 30 日内向登记管理机关、外汇管理机关申请换发无加注的外商投资企业营业执照、外汇登记证。

如果境内公司在前述期限内未向商务部报告，境内公司加注的批准证书自动失效，境内公司股权结构恢复到股权并购之前的状态，并应按本规定第三十六条办理变更登记手续。

第四十八条 特殊目的公司的境外上市融资收入，应按照报送外汇管理机关备案的调回计划，根据现行外汇管理规定调回境内使用。融资收入可采取以下方式调回境内：

（一）向境内公司提供商业贷款；

（二）在境内新设外商投资企业；

（三）并购境内企业。

在上述情形下调回特殊目的公司境外融资收入，应遵守中国有关外商投资及外债管理的法律和行政法规。如果调回特殊目的公司境外融资收入，导致境内公司和自然人增持特殊目的公司权益或特殊目的公司净资产增加，当事人应如实披露并报批，在完成审批手续后办理相应的外资外汇登记和境外投资登记变更。

境内公司及自然人从特殊目的公司获得的利润、红利及资本变动所得外汇收入，应自获得之日起 6 个月内调回境内。利润或红利可以进入经常项目外汇账户或者结汇。资本变动外汇收入经外汇管理机关核准，可以开立资本项目专用账户保留，也可经外汇管理机关核准后结汇。

第四十九条 自营业执照颁发之日起 1 年内，如果境内公司不能取得无加注批准证书，则加注的批准证书自动失效，并应按本规定第三十六条办理变更登记手续。

第五十条 特殊目的公司完成境外上市且境内公司取得无加注的批准证书和营业执照后，当事人继续以该公司股份作为支付手段并购境内公司的，适用本章第一节和第二节的规定。

# 第五章　附　则

**第五十一条**　依据《反垄断法》的规定，外国投资者并购境内企业达到《国务院关于经营者集中申报标准的规定》规定的申报标准的，应当事先向商务部申报，未申报不得实施交易。

**第五十二条**　外国投资者在中国境内依法设立的投资性公司并购境内企业，适用本规定。

外国投资者购买境内外商投资企业股东的股权或认购境内外商投资企业增资的，适用现行外商投资企业法律、行政法规和外商投资企业投资者股权变更的相关规定，其中没有规定的，参照本规定办理。

外国投资者通过其在中国设立的外商投资企业合并或收购境内企业的，适用关于外商投资企业合并与分立的相关规定和关于外商投资企业境内投资的相关规定，其中没有规定的，参照本规定办理。

外国投资者并购境内有限责任公司并将其改制为股份有限公司的，或者境内公司为股份有限公司的，适用关于设立外商投资股份有限公司的相关规定，其中没有规定的，适用本规定。

**第五十三条**　申请人或申报人报送文件，应依照本规定对文件进行分类，并附文件目录。规定报送的全部文件应用中文表述。

**第五十四条**　被股权并购境内公司的中国自然人股东，经批准，可继续作为变更后所设外商投资企业的中方投资者。

**第五十五条**　境内公司的自然人股东变更国籍的，不改变该公司的企业性质。

**第五十六条**　相关政府机构工作人员必须忠于职守、依法履行职责，不得利用职务之便牟取不正当利益，并对知悉的商业秘密负有保密义务。

**第五十七条**　香港特别行政区、澳门特别行政区和台湾地区的投资者并购境内其他地区的企业，参照本规定办理。

第五十八条　本规定自公布之日起施行。

# 外商投资证券公司管理办法

（2018 年 4 月 28 日中国证券监督管理委员会令第 140
号公布　根据 2020 年 3 月 20 日中国证券监督管理委员会
《关于修改部分证券期货规章的决定》修正）

第一条　为了适应证券市场对外开放的需要，加强和完善对外
商投资证券公司的监督管理，明确外商投资证券公司的设立条件和
程序，根据《中华人民共和国公司法》（以下简称公司法）和《中
华人民共和国证券法》（以下简称证券法）有关规定，制定本办法。

第二条　本办法所称外商投资证券公司是指：

（一）境外股东与境内股东依法共同出资设立的证券公司；

（二）境外投资者依法受让、认购内资证券公司股权，内资证券
公司依法变更的证券公司；

（三）内资证券公司股东的实际控制人变更为境外投资者，内资
证券公司依法变更的证券公司。

第三条　中国证券监督管理委员会（以下简称中国证监会）负
责对外商投资证券公司的审批和监督管理。

第四条　外商投资证券公司的名称、组织形式、注册资本、业
务范围、组织机构的设立及职责以及股东、董事、监事、高级管理
人员等，应当符合公司法、证券法等法律、法规和中国证监会的有
关规定。

第五条　设立外商投资证券公司除应当符合公司法、证券法、
《证券公司监督管理条例》和经国务院批准的中国证监会规定的证券
公司设立条件外，还应当符合下列条件：

（一）境外股东具备本办法规定的资格条件，其出资比例、出资方式符合本办法的规定；

（二）初始业务范围与控股股东或者第一大股东的经营证券业务经验相匹配；

（三）中国证监会规定的其他审慎性条件。

**第六条** 外商投资证券公司的境外股东，应当具备下列条件：

（一）所在国家或者地区具有完善的证券法律和监管制度，相关金融监管机构已与中国证监会或者中国证监会认可的机构签定证券监管合作谅解备忘录，并保持着有效的监管合作关系；

（二）为在所在国家或者地区合法成立的金融机构，近3年各项财务指标符合所在国家或者地区法律的规定和监管机构的要求；

（三）持续经营证券业务5年以上，近3年未受到所在国家或者地区监管机构或者行政、司法机关的重大处罚，无因涉嫌重大违法违规正受到有关机关调查的情形；

（四）具有完善的内部控制制度；

（五）具有良好的国际声誉和经营业绩，近3年业务规模、收入、利润居于国际前列，近3年长期信用均保持在高水平；

（六）中国证监会规定的其他审慎性条件。

**第七条** 境外股东应当以自由兑换货币出资。

境外股东累计持有的（包括直接持有和间接控制）外商投资证券公司股权比例，应当符合国家关于证券业对外开放的安排。

**第八条** 申请设立外商投资证券公司，应当由全体股东共同指定的代表或者委托的代理人向中国证监会提交下列文件：

（一）境内外股东的法定代表人或者授权代表共同签署的申请表；

（二）关于设立外商投资证券公司的合同及章程草案；

（三）外商投资证券公司拟任董事长、总经理、合规负责人简历；

（四）股东的营业执照或者注册证书、证券业务资格证书复印件；

（五）申请前3年境内外股东经审计的财务报表；

（六）境外股东所在国家或者地区相关监管机构或者中国证监会

认可的境外机构出具的关于该境外股东是否具备本办法第六条第（二）项、第（三）项规定的条件的说明函；

（七）境外股东具有良好的国际声誉和经营业绩，近3年业务规模、收入、利润居于国际前列以及近3年长期信用情况的证明文件；

（八）由中国境内律师事务所出具的法律意见书；

（九）中国证监会要求的其他文件。

**第九条**　中国证监会依照有关法律、行政法规和本办法对第八条规定的申请文件进行审查，并在规定期限内作出是否批准的决定，书面通知申请人。不予批准的，书面说明理由。

**第十条**　股东应当自中国证监会的批准文件签发之日起6个月内足额缴付出资或者提供约定的合作条件，选举董事、监事，聘任高级管理人员，并向公司登记机关申请设立登记，领取营业执照。

**第十一条**　外商投资证券公司应当自营业执照签发之日起15个工作日内，向中国证监会提交下列文件，申请经营证券业务许可证：

（一）营业执照副本复印件；

（二）公司章程；

（三）由中国境内符合证券法规定的会计师事务所出具的验资报告；

（四）董事、监事、高级管理人员和主要业务人员的名单以及符合规定的说明；

（五）内部控制制度文本；

（六）营业场所和业务设施情况说明书；

（七）中国证监会要求的其他文件。

**第十二条**　中国证监会依照有关法律、行政法规和本办法对第十一条规定的申请文件进行审查，并自接到符合要求的申请文件之日起15个工作日内作出决定。对符合规定条件的，颁发经营证券业务许可证；对不符合规定条件的，不予颁发，并书面说明理由。

**第十三条**　未取得中国证监会颁发的经营证券业务许可证，外商投资证券公司不得开业，不得经营证券业务。

**第十四条** 内资证券公司申请变更为外商投资证券公司的，应当具备本办法第五条规定的条件。

收购或者参股内资证券公司的境外股东应当具备本办法第六条规定的条件，其收购的股权比例或者出资比例应当符合本办法第七条的规定。

内资证券公司股东的实际控制人变更为境外投资者，应当具备本办法第六条规定的条件，其间接控制的证券公司股权比例应当符合本办法第七条的规定。不具备条件或者间接控制证券公司股权比例不符合规定的，应当在 3 个月内完成规范整改。

**第十五条** 内资证券公司申请变更为外商投资证券公司，应当向中国证监会提交下列文件：

（一）法定代表人签署的申请表；

（二）股东（大）会关于变更为外商投资证券公司的决议；

（三）公司章程修改草案；

（四）股权转让协议或者出资协议（股份认购协议）；

（五）拟在该证券公司任职的境外投资者委派人员的名单、简历以及符合规定的说明；

（六）境外股东的营业执照或者注册证书、相关业务资格证书复印件；

（七）申请前 3 年境外股东经审计的财务报表；

（八）境外股东所在国家或者地区相关监管机构或者中国证监会认可的境外机构出具的关于该境外股东是否具备本办法第六条第（二）项、第（三）项规定条件的说明函；

（九）境外股东具有良好的国际声誉和经营业绩，近 3 年业务规模、收入、利润居于国际前列以及近 3 年长期信用情况的证明文件；

（十）由中国境内律师事务所出具的法律意见书；

（十一）中国证监会要求的其他文件。

**第十六条** 中国证监会依照有关法律、行政法规和本办法对第十五条规定的申请文件进行审查，并在规定期限内作出是否批准的决定，书面通知申请人。不予批准的，书面说明理由。

第十七条 获准变更的证券公司，应当自中国证监会的批准文件签发之日起 6 个月内，办理股权转让或者增资事宜，向公司登记机关申请变更登记，换领营业执照。

第十八条 获准变更的证券公司应当自变更登记之日起 15 个工作日内，向中国证监会提交下列文件，申请换发经营证券业务许可证：

（一）营业执照副本复印件；

（二）外商投资证券公司章程；

（三）公司原有经营证券业务许可证及其副本；

（四）由中国境内符合证券法规定的会计师事务所出具的验资报告；

（五）中国证监会要求的其他文件。

第十九条 中国证监会依照有关法律、行政法规和本办法对第十八条规定的申请文件进行审查，并自接到符合要求的申请文件之日起 15 个工作日内作出决定。对符合规定条件的，换发经营证券业务许可证；对不符合规定条件的，不予换发，并书面说明理由。

第二十条 外商投资证券公司合并或者外商投资证券公司与内资证券公司合并后新设或者存续的证券公司，应当具备本办法规定的外商投资证券公司的设立条件；其境外股东持股比例应当符合本办法的规定。

外商投资证券公司分立后设立的证券公司，股东中有境外股东的，其境外股东持股比例应当符合本办法的规定。

第二十一条 境外投资者可以依法通过证券交易所的证券交易持有上市内资证券公司股份，或者与上市内资证券公司建立战略合作关系并经中国证监会批准持有上市内资证券公司股份。

境外投资者依法通过证券交易所的证券交易持有或者通过协议、其他安排与他人共同持有上市内资证券公司 5% 以上股份的，应当符合本办法第六条规定的条件，并遵守证券法和中国证监会关于上市公司收购和证券公司变更审批的有关规定。

第二十二条 按照本办法规定提交中国证监会的申请文件及报

送中国证监会的资料，必须使用中文。境外股东及其所在国家或者地区相关监管机构或者中国证监会认可的境外机构出具的文件、资料使用外文的，应当附有与原文内容一致的中文译本。

申请人提交的文件及报送的材料，不能充分说明申请人的状况的，中国证监会可以要求申请人作出补充说明。

**第二十三条** 外商投资证券公司涉及国家安全审查的，按照国家有关规定办理。

**第二十四条** 香港特别行政区、澳门特别行政区和台湾地区的投资者投资证券公司的，参照适用本办法。国家另有规定的，从其规定。

**第二十五条** 外商投资证券公司的设立、变更、终止、业务活动及监督管理事项，本办法未作规定的，适用中国证监会的其他有关规定。

**第二十六条** 本办法自公布之日起施行。《外资参股证券公司设立规则》同时废止。

# 外商投资人才中介机构管理暂行规定

（2003 年 9 月 4 日人事部、商务部、国家工商行政管理总局令第 2 号公布　根据 2005 年 5 月 24 日《人事部、商务部、国家工商行政管理总局关于修改〈中外合资人才中介机构管理暂行规定〉的决定》第一次修正　根据 2015 年 4 月 30 日《人力资源社会保障部关于修改部分规章的决定》第二次修正　根据 2019 年 12 月 31 日《人力资源社会保障部关于修改部分规章的决定》第三次修正）

## 第一章　总　　则

**第一条**　为了加强对外商投资人才中介机构的管理，维护人才市场秩序，促进人才市场发展，根据有关法律、法规，制定本规定。

**第二条**　本规定所称外商投资人才中介机构，是指全部或者部分由外国投资者投资，依照中国法律在中国境内经登记、许可设立的人才中介机构。

**第三条**　外国企业常驻中国代表机构和在中国成立的商会等组织不得在中国境内从事人才中介服务。

**第四条**　外商投资人才中介机构必须遵守中华人民共和国法律、法规，不得损害中华人民共和国的社会公共利益和国家安全。

外商投资人才中介机构的正当经营活动和合法权益，受中华人民共和国法律保护。

**第五条**　县级以上人民政府人事行政部门、商务部门和工商行政管理部门依法按照职责分工负责本行政区域内外商投资人才中介机构的审批、登记、管理和监督工作。

## 第二章　设立与登记

**第六条**　申请设立外商投资人才中介机构，必须符合下列条件：

（一）有健全的组织机构；有熟悉人力资源管理业务的人员，其中必须有5名以上具有大专以上学历并取得人才中介服务资格证书的专职人员；

（二）有与其申请的业务相适应的固定场所、资金和办公设施；

（三）有健全可行的机构章程、管理制度、工作规则，有明确的业务范围；

（四）能够独立享有民事权利，承担民事责任；

（五）法律、法规规定的其他条件。

**第七条**　申请设立外商投资人才中介机构，应当由拟设立机构所在地的县级以上人民政府人事行政部门审批。

**第八条**　申请设立外商投资人才中介机构，可以通过信函、电报、电传、传真、电子数据交换和电子邮件等方式向县级以上人民政府人事行政部门提出申请。申请材料应包括以下内容：

（一）书面申请及可行性报告；

（二）管理制度草案与章程；

（三）工商营业执照（副本）；

（四）法律、法规和县级以上人民政府人事行政部门要求提供的其他材料。

上述所列的申请材料凡是用外文书写的，应当附有中文译本。

**第九条** 县级以上人民政府人事行政部门在接到设立外商投资人才中介机构的申请报告之日起20日内审核完毕，20日内不能作出决定的，经本行政机关负责人批准，可以延长10日，并应当将延长期限的理由告知申请人。

批准同意的，发给《人才中介服务许可证》（以下简称许可证），并应当在作出决定之日起10日内向申请人颁发、送达许可证；不同意的应当书面通知申请人，并说明理由。

审批机关应在行政机关网站上公布审批程序、期限和需要提交的全部材料的目录，以及批准设立的外商投资人才中介机构的名录等信息。

## 第三章 经营范围与管理

**第十条** 县级以上人民政府人事行政部门根据外商投资人才中介机构的资金、人员和管理水平情况，在下列业务范围内，核准其开展一项或多项业务：

（一）人才供求信息的收集、整理、储存、发布和咨询服务；

（二）人才推荐；

（三）人才招聘；

（四）人才测评；

（五）人才培训；

（六）人才信息网络服务；

（七）法规、规章规定的其他有关业务。

**第十一条** 外商投资人才中介机构必须遵循自愿、公平、诚信的原则，遵守行业道德，在核准的业务范围内开展活动，不得采用不正当竞争手段。

**第十二条** 外商投资人才中介机构招聘人才出境，应当按照中国政府有关规定办理手续。其中，不得招聘下列人才出境：

（一）正在承担国家、省级重点工程、科研项目的技术和管理人员，未经单位或主管部门同意的；

（二）在职国家公务员；

（三）由国家统一派出而又未满轮换年限的支援西部开发的人员；

（四）在岗的涉密人员和离岗脱密期未满的涉密人员；

（五）有违法嫌疑正在依法接受审查尚未结案的人员；

（六）法律、法规规定暂时不能流动的其他特殊岗位的人员或者需经批准方可出境的人员。

**第十三条** 外商投资人才中介机构设立分支机构、变更机构名称、法定代表人和经营场所，应当自工商登记或者变更登记办理完毕之日起 15 日内，书面报告人事行政部门。

**第十四条** 县级以上人民政府人事行政部门依法指导、检查和监督外商投资人才中介机构的日常管理和业务开展情况。

县级以上人民政府人事行政部门对其批准成立的外商投资人才中介机构依法进行检查或抽查，并可以查阅或者要求其报送有关材料。外商投资人才中介机构应接受检查，并如实提供有关情况和材料。县级以上人民政府人事行政部门应将检查结果进行公布。

# 第四章 罚 则

**第十五条** 外商投资人才中介机构不依法接受检查，不按规定办理许可证变更等手续，提供虚假信息或者采取其他手段欺骗用人单位和应聘人员的，县级以上人民政府人事行政部门予以警告，并可处以10000元人民币以下罚款；情节严重的，有违法所得的，处以不超过违法所得3倍的罚款，但最高不得超过30000元人民币。

**第十六条** 违反本规定，未经批准擅自设立外商投资人才中介机构的，超出核准登记的经营范围从事经营活动的，按照《公司登记管理条例》、《无照经营查处取缔办法》和有关规定进行处罚。采用不正当竞争行为的，按照《反不正当竞争法》有关规定进行处罚。

**第十七条** 政府部门工作人员在审批和管理外商投资人才中介机构工作中，玩忽职守、徇私舞弊，侵犯单位、个人和合资各方合法权益的，按照管理权限，由有关部门给予行政处分；构成犯罪的，依法追究刑事责任。

## 第五章 附 则

**第十八条** 香港特别行政区、澳门特别行政区、台湾地区投资者投资设立人才中介机构，参照本规定执行。法律法规另有规定的，依照其规定执行。

**第十九条** 外商投资人才中介机构在中国境内从事涉及外籍人员业务活动的，按照有关规定执行。

**第二十条** 本规定由人事部、商务部、国家工商行政管理总局负责解释。

**第二十一条** 本规定自2003年11月1日起施行。

# 外商投资职业介绍机构设立管理暂行规定

（2001 年 10 月 9 日劳动和社会保障部、国家工商行政
管理总局令第 14 号公布　根据 2015 年 4 月 30 日《人力资
源社会保障部关于修改部分规章的决定》第一次修正　根
据 2019 年 12 月 31 日《人力资源社会保障部关于修改部分
规章的决定》第二次修正）

**第一条**　为规范外商投资职业介绍机构的设立，保障求职者和
用人单位的合法权益，根据有关法律、法规，制定本规定。

**第二条**　本规定所称外商投资职业介绍机构，是指全部或者部
分由外国投资者投资，依照中国法律在中国境内经登记、许可设立
的职业介绍机构。

**第三条**　劳动保障行政部门、外经贸行政部门和工商行政管理
部门在各自职权范围内负责外商投资职业介绍机构的审批、登记、
管理和监督检查工作。

设立外商投资职业介绍机构应当到企业住所地国家工商行政管
理总局授权的地方工商行政管理局进行登记注册后，由县级以上人
民政府劳动保障行政部门（以下简称县级以上劳动保障行政部门）
批准。

外国企业常驻中国代表机构和在中国成立的外国商会不得在中
国从事职业介绍服务。

**第四条**　外商投资职业介绍机构应当依法开展经营活动，其依
法开展的经营活动受中国法律保护。

**第五条**　外商投资职业介绍机构可以从事下列业务：

（一）为中外求职者和用人单位、居民家庭提供职业介绍服务；

（二）提供职业指导、咨询服务；

（三）收集和发布劳动力市场信息；

（四）举办职业招聘洽谈会；

（五）根据国家有关规定从事互联网职业信息服务；

（六）经县级以上劳动保障行政部门核准的其他服务项目。

外商投资职业介绍机构介绍中国公民出境就业和外国企业常驻中国代表机构聘用中方雇员按照国家有关规定执行。

**第六条** 拟设立的外商投资职业介绍机构应当具有一定数量具备职业介绍资格的专职工作人员，有明确的业务范围、机构章程、管理制度，有与开展业务相适应的固定场所、办公设施。

**第七条** 设立外商投资职业介绍机构，应当依法到拟设立企业住所所在地国家工商行政管理总局授权的地方工商行政管理局申请登记注册，领取营业执照。

**第八条** 外商投资职业介绍机构应当到县级以上劳动保障行政部门提出申请，并提交下列材料：

（一）设立申请书；

（二）机构章程和管理制度草案；

（三）拟任专职工作人员的简历和职业资格证明；

（四）住所使用证明；

（五）拟任负责人的基本情况、身份证明；

（六）工商营业执照（副本）；

（七）法律、法规规定的其他文件。

**第九条** 县级以上劳动保障行政部门应当在接到申请之日起20个工作日内审核完毕。批准同意的，发给职业介绍许可；不予批准的，应当通知申请者。

**第十条** 外商投资职业介绍机构设立分支机构，应当自工商登记办理完毕之日起15日内，书面报告劳动保障行政部门。

**第十一条** 外商投资职业介绍机构的管理适用《就业服务与就业管理规定》和外商投资企业的有关管理规定。

**第十二条** 香港特别行政区、澳门特别行政区投资者在内地以及台湾地区投资者在大陆投资设立职业介绍机构，参照本规定执行。法律法规另有规定的，依照其规定执行。

第十三条 本规定自 2001 年 12 月 1 日起施行。

# 外商投资准入特别管理措施
# （负面清单）（2021 年版）

（2021 年 12 月 27 日国家发展和改革委员会、商务部令第 47 号公布 自 2022 年 1 月 1 日起施行）

## 说　明

一、《外商投资准入特别管理措施（负面清单）》（以下简称《外商投资准入负面清单》）统一列出股权要求、高管要求等外商投资准入方面的特别管理措施。《外商投资准入负面清单》之外的领域，按照内外资一致原则实施管理。境内外投资者统一适用《市场准入负面清单》的有关规定。

二、境外投资者不得作为个体工商户、个人独资企业投资人、农民专业合作社成员，从事投资经营活动。

三、外商投资企业在中国境内投资，应符合《外商投资准入负面清单》的有关规定。

四、有关主管部门在依法履行职责过程中，对境外投资者拟投资《外商投资准入负面清单》内领域，但不符合《外商投资准入负面清单》规定的，不予办理许可、企业登记注册等相关事项；涉及固定资产投资项目核准的，不予办理相关核准事项。投资有股权要求的领域，不得设立外商投资合伙企业。

五、经国务院有关主管部门审核并报国务院批准，特定外商投资可以不适用《外商投资准入负面清单》中相关领域的规定。

六、从事《外商投资准入负面清单》禁止投资领域业务的境内企业到境外发行股份并上市交易的，应当经国家有关主管部门审核同意，境外投资者不得参与企业经营管理，其持股比例参照境外投资者境内证券投资管理有关规定执行。

七、境内公司、企业或自然人以其在境外合法设立或控制的公司并购与其有关联关系的境内公司，按照外商投资、境外投资、外汇管理等有关规定办理。

八、《外商投资准入负面清单》中未列出的文化、金融等领域与行政审批、资质条件、国家安全等相关措施，按照现行规定执行。

九、《内地与香港关于建立更紧密经贸关系的安排》及其后续协议、《内地与澳门关于建立更紧密经贸关系的安排》及其后续协议、《海峡两岸经济合作框架协议》及其后续协议、我国缔结或者参加的国际条约、协定对境外投资者准入待遇有更优惠规定的，可以按照相关规定执行。在自由贸易试验区等特殊经济区域对符合条件的投资者实施更优惠开放措施的，按照相关规定执行。

十、《外商投资准入负面清单》由国家发展改革委、商务部会同有关部门负责解释。

十一、2020 年 6 月 23 日国家发展改革委、商务部发布的 2020 年版《外商投资准入负面清单》自 2022 年 1 月 1 日起废止。

### 外商投资准入特别管理措施（负面清单）（2021 年版）

| 序号 | 特别管理措施 |
|---|---|
| 一、农、林、牧、渔业 | |
| 1 | 小麦新品种选育和种子生产的中方股比不低于 34%、玉米新品种选育和种子生产须由中方控股。 |
| 2 | 禁止投资中国稀有和特有的珍贵优良品种的研发、养殖、种植以及相关繁殖材料的生产（包括种植业、畜牧业、水产业的优良基因）。 |
| 3 | 禁止投资农作物、种畜禽、水产苗种转基因品种选育及其转基因种子（苗）生产。 |
| 4 | 禁止投资中国管辖海域及内陆水域水产品捕捞。 |

| 序号 | 特别管理措施 |
|---|---|
| 二、采矿业 | |
| 5 | 禁止投资稀土、放射性矿产、钨勘查、开采及选矿。 |
| 三、制造业 | |
| 6 | 出版物印刷须由中方控股。 |
| 7 | 禁止投资中药饮片的蒸、炒、炙、煅等炮制技术的应用及中成药保密处方产品的生产。 |
| 四、电力、热力、燃气及水生产和供应业 | |
| 8 | 核电站的建设、经营须由中方控股。 |
| 五、批发和零售业 | |
| 9 | 禁止投资烟叶、卷烟、复烤烟叶及其他烟草制品的批发、零售。 |
| 六、交通运输、仓储和邮政业 | |
| 10 | 国内水上运输公司须由中方控股。 |
| 11 | 公共航空运输公司须由中方控股，且一家外商及其关联企业投资比例不得超过25%，法定代表人须由中国籍公民担任。通用航空公司的法定代表人须由中国籍公民担任，其中农、林、渔业通用航空公司限于合资，其他通用航空公司限于中方控股。 |
| 12 | 民用机场的建设、经营须由中方相对控股。外方不得参与建设、运营机场塔台。 |
| 13 | 禁止投资邮政公司、信件的国内快递业务。 |
| 七、信息传输、软件和信息技术服务业 | |
| 14 | 电信公司：限于中国入世承诺开放的电信业务，增值电信业务的外资股比不超过50%（电子商务、国内多方通信、存储转发类、呼叫中心除外），基础电信业务须由中方控股。 |
| 15 | 禁止投资互联网新闻信息服务、网络出版服务、网络视听节目服务、互联网文化经营（音乐除外）、互联网公众发布信息服务（上述服务中，中国入世承诺中已开放的内容除外）。 |
| 八、租赁和商务服务业 | |
| 16 | 禁止投资中国法律事务（提供有关中国法律环境影响的信息除外），不得成为国内律师事务所合伙人。 |
| 17 | 市场调查限于合资，其中广播电视收听、收视调查须由中方控股。 |
| 18 | 禁止投资社会调查。 |

| 序号 | 特别管理措施 |
|------|------|
| **九、科学研究和技术服务业** | |
| 19 | 禁止投资人体干细胞、基因诊断与治疗技术开发和应用。 |
| 20 | 禁止投资人文社会科学研究机构。 |
| 21 | 禁止投资大地测量、海洋测绘、测绘航空摄影、地面移动测量、行政区域界线测绘，地形图、世界政区地图、全国政区地图、省级及以下政区地图、全国性教学地图、地方性教学地图、真三维地图和导航电子地图编制，区域性的地质填图、矿产地质、地球物理、地球化学、水文地质、环境地质、地质灾害、遥感地质等调查（矿业权人在其矿业权范围内开展工作不受此特别管理措施限制）。 |
| **十、教育** | |
| 22 | 学前、普通高中和高等教育机构限于中外合作办学，须由中方主导（校长或者主要行政负责人应当具有中国国籍，理事会、董事会或者联合管理委员会的中方组成人员不得少于1/2）。 |
| 23 | 禁止投资义务教育机构、宗教教育机构。 |
| **十一、卫生和社会工作** | |
| 24 | 医疗机构限于合资。 |
| **十二、文化、体育和娱乐业** | |
| 25 | 禁止投资新闻机构（包括但不限于通讯社）。 |
| 26 | 禁止投资图书、报纸、期刊、音像制品和电子出版物的编辑、出版、制作业务。 |
| 27 | 禁止投资各级广播电台（站）、电视台（站）、广播电视频道（率）、广播电视传输覆盖网（发射台、转播台、广播电视卫星、卫星上行站、卫星收转站、微波站、监测台及有线广播电视传输覆盖网等），禁止从事广播电视视频点播业务和卫星电视广播地面接收设施安装服务。 |
| 28 | 禁止投资广播电视节目制作经营（含引进业务）公司。 |
| 29 | 禁止投资电影制作公司、发行公司、院线公司以及电影引进业务。 |
| 30 | 禁止投资文物拍卖的拍卖公司、文物商店和国有文物博物馆。 |
| 31 | 禁止投资文艺表演团体。 |

# 自由贸易试验区外商投资准入特别管理措施
# （负面清单）（2021年版）

（2021年12月27日国家发展和改革委员会、商务部令第48号公布 自2022年1月1日起施行）

## 说　明

一、《自由贸易试验区外商投资准入特别管理措施（负面清单）》（以下简称《自贸试验区负面清单》）统一列出股权要求、高管要求等外商投资准入方面的特别管理措施，适用于自由贸易试验区。《自贸试验区负面清单》之外的领域，按照内外资一致原则实施管理。境内外投资者统一适用《市场准入负面清单》的有关规定。

二、境外投资者不得作为个体工商户、个人独资企业投资人、农民专业合作社成员，从事投资经营活动。

三、外商投资企业在自由贸易试验区内投资，应符合《自贸试验区负面清单》的有关规定。

四、有关主管部门在依法履行职责过程中，对境外投资者拟投资《自贸试验区负面清单》内领域，但不符合《自贸试验区负面清单》规定的，不予办理许可、企业登记注册等相关事项；涉及固定资产投资项目核准的，不予办理相关核准事项。投资有股权要求的领域，不得设立外商投资合伙企业。

五、经国务院有关主管部门审核并报国务院批准，特定外商投资可以不适用《自贸试验区负面清单》中相关领域的规定。

六、从事《自贸试验区负面清单》禁止投资领域业务的境内企业到境外发行股份并上市交易的，应当经国家有关主管部门审核同意，境外投资者不得参与企业经营管理，其持股比例参照境外投资者境内证券投资管理有关规定执行。

七、境内公司、企业或自然人以其在境外合法设立或控制的公司并购与其有关联关系的境内公司，按照外商投资、境外投资、外汇管理等有关规定办理。

八、《自贸试验区负面清单》中未列出的文化、金融等领域与行政审批、资质条件、国家安全等相关措施，按照现行规定执行。

九、《内地与香港关于建立更紧密经贸关系的安排》及其后续协议、《内地与澳门关于建立更紧密经贸关系的安排》及其后续协议、《海峡两岸经济合作框架协议》及其后续协议、我国缔结或者参加的国际条约、协定对境外投资者准入待遇有更优惠规定的，可以按照相关规定执行。

十、《自贸试验区负面清单》由国家发展改革委、商务部会同有关部门负责解释。

十一、2020 年 6 月 23 日国家发展改革委、商务部发布的 2020 年版《自贸试验区负面清单》自 2022 年 1 月 1 日起废止。

## 自由贸易试验区外商投资准入特别管理措施
### （负面清单）（2021 年版）

| 序号 | 特别管理措施 |
|---|---|
| 一、农、林、牧、渔业 | |
| 1 | 小麦、玉米新品种选育和种子生产的中方股比不低于 34%。 |
| 2 | 禁止投资中国稀有和特有的珍贵优良品种的研发、养殖、种植以及相关繁殖材料的生产（包括种植业、畜牧业、水产业的优良基因）。 |
| 3 | 禁止投资农作物、种畜禽、水产苗种转基因品种选育及其转基因种子（苗）生产。 |
| 二、采矿业 | |
| 4 | 禁止投资稀土、放射性矿产、钨勘查、开采及选矿。（未经允许，禁止进入稀土矿区或取得矿山地质资料、矿石样品及生产工艺技术。） |

| 序号 | 特别管理措施 |
|---|---|
| 三、电力、热力、燃气及水生产和供应业 | |
| 5 | 核电站的建设、经营须由中方控股。 |
| 四、批发和零售业 | |
| 6 | 禁止投资烟叶、卷烟、复烤烟叶及其他烟草制品的批发、零售。 |
| 五、交通运输、仓储和邮政业 | |
| 7 | 国内水上运输公司须由中方控股。(且不得经营或租用中国籍船舶或者舱位等方式变相经营国内水路运输业务及其辅助业务;水路运输经营者不得使用外国籍船舶经营国内水路运输业务,但经中国政府批准,在国内没有能够满足所申请运输要求的中国籍船舶,并且船舶停靠的港口或者水域为对外开放的港口或者水域的情况下,水路运输经营者可以在中国政府规定的期限或者航次内,临时使用外国籍船舶经营中国港口之间的海上运输和拖航。) |
| 8 | 公共航空运输公司须由中方控股,且一家外商及其关联企业投资比例不得超过25%,法定代表人须由中国籍公民担任。通用航空公司的法定代表人须由中国籍公民担任,其中农、林、渔业通用航空公司限于合资,其他通用航空公司限于中方控股。(只有中国公共航空运输企业才能经营国内航空服务,并作为中国指定承运人提供定期和不定期国际航空服务。) |
| 9 | 民用机场的建设、经营须由中方相对控股。外方不得参与建设、运营机场塔台。 |
| 10 | 禁止投资邮政公司(和经营邮政服务)、信件的国内快递业务。 |
| 六、信息传输、软件和信息技术服务业 | |
| 11 | 电信公司:限于中国入世承诺开放的电信业务,增值电信业务的外资股比不超过50%(电子商务、国内多方通信、存储转发类、呼叫中心除外),基础电信业务须由中方控股(且经营者须为依法设立的专门从事基础电信业务的公司)。上海自贸试验区原有区域〔28.8平方公里〕试点政策推广至所有自贸试验区执行。 |
| 12 | 禁止投资互联网新闻信息服务、网络出版服务、网络视听节目服务、互联网文化经营(音乐除外)、互联网公众发布信息服务(上述服务中,中国入世承诺中已开放的内容除外)。 |
| 七、租赁和商务服务业 | |
| 13 | 禁止投资中国法律事务(提供有关中国法律环境影响的信息除外),不得成为国内律师事务所合伙人。(外国律师事务所只能以代表机构的方式进入中国,且不得聘用中国执业律师,聘用的辅助人员不得为当事人提供法律服务;如在华设立代表机构、派驻代表,须经中国司法行政部门许可。) |

| 序号 | 特别管理措施 |
|------|------|
| 14 | 广播电视收听、收视调查须由中方控股。社会调查中方股比不低于67%，法定代表人应当具有中国国籍。 |
| 八、科学研究和技术服务业 | |
| 15 | 禁止投资人体干细胞、基因诊断与治疗技术开发和应用。 |
| 16 | 禁止投资人文社会科学研究机构。 |
| 17 | 禁止投资大地测量、海洋测绘、测绘航空摄影、地面移动测量、行政区域界线测绘，地形图、世界政区地图、全国政区地图、省级及以下政区地图、全国性教学地图、地方性教学地图、真三维地图和导航电子地图编制，区域性的地质填图、矿产地质、地球物理、地球化学、水文地质、环境地质、地质灾害、遥感地质等调查（矿业权人在其矿业权范围内开展工作不受此特别管理措施限制）。 |
| 九、教育 | |
| 18 | 学前、普通高中和高等教育机构限于中外合作办学，须由中方主导（校长或者主要行政负责人应当具有中国国籍（且在中国境内定居），理事会、董事会或者联合管理委员会的中方组成人员不得少于1/2）。（外国教育机构、其他组织或者个人不得单独设立以中国公民为主要招生对象的学校及其他教育机构（不包括非学制类职业培训机构、学制类职业教育机构），但是外国教育机构可以同中国教育机构合作举办以中国公民为主要招生对象的教育机构。） |
| 19 | 禁止投资义务教育机构、宗教教育机构。 |
| 十、卫生和社会工作 | |
| 20 | 医疗机构限于合资。 |
| 十一、文化、体育和娱乐业 | |
| 21 | 禁止投资新闻机构（包括但不限于通讯社）。（外国新闻机构在中国境内设立常驻新闻机构、向中国派遣常驻记者，须经中国政府批准。外国通讯社在中国境内提供新闻的服务业务须由中国政府审批。中外新闻机构业务合作，须中方主导，且须经中国政府批准。） |
| 22 | 禁止投资图书、报纸、期刊、音像制品和电子出版物的编辑、出版、制作业务。（但经中国政府批准，在确保合作中方的经营主导权和内容终审权并遵守中国政府批复的其他条件下，中外出版单位可进行新闻出版中外合作出版项目。未经中国政府批准，禁止在中国境内提供金融信息服务。） |

| 序号 | 特别管理措施 |
|---|---|
| 23 | 禁止投资各级广播电台（站）、电视台（站）、广播电视频道（率）、广播电视传输覆盖网（发射台、转播台、广播电视卫星、卫星上行站、卫星收转站、微波站、监测台及有线广播电视传输覆盖网等），禁止从事广播电视视频点播业务和卫星电视广播地面接收设施安装服务。（对境外卫星频道落地实行审批制度。） |
| 24 | 禁止投资广播电视节目制作经营（含引进业务）公司。（引进境外影视剧和以卫星传送方式引进其他境外电视节目由广电总局指定的单位申报。对中外合作制作电视剧（含电视动画片）实行许可制度。） |
| 25 | 禁止投资电影制作公司、发行公司、院线公司以及电影引进业务。（但经批准，允许中外企业合作摄制电影。） |
| 26 | 禁止投资文物拍卖的拍卖公司、文物商店和国有文物博物馆。（禁止不可移动文物及国家禁止出境的文物转让、抵押、出租给外国人。禁止设立与经营非物质文化遗产调查机构；境外组织或个人在中国境内进行非物质文化遗产调查和考古调查、勘探、发掘，应采取与中国合作的形式并经专门审批许可。） |
| 27 | 文艺表演团体须由中方控股。 |